휴대폰에 빠진 내 아이 구하기

휴대폰에 빠진 내 아이 구하기

초판 1쇄 발행 2006년 7월 5일   초판 2쇄 발행 2011년 10월 25일

지은이 고재학   기획 박현찬   펴낸이 연준혁

출판1분사 분사장 최혜진
편집 한수미
제작 이재승

펴낸곳 (주)위즈덤하우스   출판등록 2000년 5월 23일 제13-1071호
주소 (410-380) 경기도 고양시 일산동구 장항동 846번지 센트럴프라자 6층
전화 031) 936-4000   팩스 031) 903-3891
전자우편 yedam1@wisdomhouse.co.kr   홈페이지 www.wisdomhouse.co.kr
출력 엔터   종이 화인페이퍼   인쇄·제본 (주)현문

값 9,800원   ⓒ예담, 2006   ISBN 89-91731-14-7 13000

* 잘못된 책은 바꿔드립니다.
* 이 책의 전부 또는 일부 내용을 재사용하려면
  사전에 저작권자와 (주)위즈덤하우스의 동의를 받아야 합니다.

휴대폰에 빠진 내 아이 구하기

고재학 지음

> 프롤로그

휴대폰에서의 해방 선언

"아빠! 휴대폰 좀 사주세요. 우리 반에 휴대폰 갖고 있는 아이들이 20명도 넘어요."

"안 돼! 좀더 크면 사줄게."

"왜 안 돼요? 휴대폰도 없고 MP3도 없는 애는 저밖에 없어요. 친구들이 너희 아빠는 가난한 모양이라고 자꾸 놀려요."

"글쎄 안 된다니까!"

"수학 시험 100점 맞으면 사줄 거예요?"

"(잔뜩 악이 오른 목소리로) 무조건 안 돼!"

불과 수개월 전까지도 초등학교 6학년짜리 아들과 하루가 멀다 하고 나누던 대화의 일부분입니다. 중학교 2학년인 딸아이도 휴대폰을 사달라고 끊임없이 졸라대기는 마찬가지였습니다.

"우리 반 아이들 48명 가운데 휴대폰 없는 아이는 5명도 안 된단 말이에요."

절대 다수의 아이들이 휴대폰을 갖고 있다 보니 자신만 소외감을 느낄 때가 많다는 주장이었습니다.

엄마 아빠의 완고한 태도에 지금은 포기했지만, 아이들은 틈만 나면 우리 부부의 '약점'을 잡고 늘어지며 입버릇처럼 "휴대폰을 사달라"고 외쳐댔습니다. 호시탐탐 휴대폰을 노리는 아이들에 맞서, 우리 부부가 내세운 논리는 너무 빈약했지요. 언젠가 신문에서 읽었던 기사의 흐릿한 기억을 되살리며 "휴대폰에서 나오는 전자파가 뇌암을 유발한다더라", "게임에 너무 열중하다가 죽은 사람도 있다는데", "휴대폰에 중독되면 어떡하려고"라는 식의 엄포성 경고로 무마하기 일쑤였습니다. 그래도 통하지 않으면 결국 악다구니를 떨며 기선을 제압하곤 했지요.

그런데 우리 집만 그런 게 아니었습니다. 주변 학부모들의 고민도 비슷하더군요. 우리나라 도시 지역에 사는 중·고생의 90% 가량이 휴대폰을 갖고 있으며 초등학교 고학년에게까지 생활필수품처럼 인식되다 보니, 자녀에게 휴대폰을 사줘야 하는지 여부가 눈앞에 닥친 고민거리가 되어 있었습니다.

'대다수 아이들이 휴대폰을 갖고 있는 게 현실인데, 우리 아이만 안 사주면 혹시 외톨이가 되는 게 아닐까. 저렇게 갖고 싶어하는데, 만일 안 사줬다가 엉뚱한 사고나 치면 어쩌지. 과연 아이들에게 휴대폰을 사주는 게 교육적으로 좋은 것일까, 아니면 성인이 될 때까지 기다려야만 하는 걸까. 만일 사준다면 언제쯤 사주는 게 적당할까. 사준 뒤에는 어떻게 관리하고 교육시켜야 하나. 부모 이름으로 가입할까, 아니면 애들 이름으로 해줄까. 요금 체계는 어떤 방식을 택하는 게 경제적으로 절약이 될까……?'

이런 엄마 아빠들의 고민에 대해 아이들과 늘 부대끼는 선생님들은 물론, 교육 당국이나 청소년 단체에서도 명쾌한 답을 내놓지 못하고 있었습니다. 시중에 나온 책들과 인터넷까지 두루 검색해 보았으나, 자녀들의 휴대폰 사용 및 교육에 관한 그 어떤 지침서도 찾을 수 없었습니다. 아이들의 휴대폰 사용에 대한 사회적 관심이라야, 시험 기간 동안 학교에 휴대폰 안 가져오기, 극장, 버스 등 공공장소에서 휴대폰 예절 지키기 등의 계몽적 차원에 머물러 있는 게 고작입니다. 청소년들을 집중 공략해 천문학적 수익을 내고 있는 이동통신 업체들 역시 아이들의 정서 함양이나 교육적 측면은 무시한 채 이윤 추구에만 급급해 있는 것이 현실이고요.

이 책을 쓰게 된 동기는 '갈수록 깊어지는 엄마 아빠들의 휴대폰 고민을 속 시원히 해결해 줄 방안은 없을까?'라는 문제의식에서 비롯됐습니다. 개인적으로도 휴대폰을 너무나 갖고 싶어하는 아이들의 욕구를 막무가내로 억누르기보다는, 대화를 통해 합리적으로 설득할 수 있는 나름의 '무기'가 필요했습니다. '꿈에서도 휴대폰을 갖고 싶다'는 우리 아이들에게 어설픈 논리로 실망만을 안겨준 것 같아 마음이 불편했던 것도 사실입니다.

이 책은 수많은 사람들과의 인터뷰를 거쳐 완성됐습니다. 현재 휴대폰을 쓰고 있는 초·중·고등학교 학생들과 교육 현장에서 휴대폰 문제의 심각성을 절감하고 있는 선생님들, 자녀들과 휴대폰 문제로 늘 씨름하는 학부모들, 교육전문가, 심리학자, 청소년단체와 시민단체 관계자, 청소년 정책을 입안하는 관료 등등. 이런 분들의 적극적인 도움과 지원이 없었다면 이 책은 세상에 나오기 어려웠을 것입니다. 진심으로 감사드리고 싶습니다.

그리고 항상 인생의 든든한 버팀목이 되어주시는 양가 부모님, 집필을 핑계로 휴일에도 사무실에 출근하는 남편을 사랑으로 감싸준 아내 경희, 아빠 없는 주말을 참고 견뎌준 연정·원석 남매, 자료 조사에 적극 협조해 준 박현찬 기획위원과 함께 탈고의 기쁨을 나누고 싶습니다. 아무쪼록 이 책이 우리 학부모와 선생님들에게 자녀의 미래를 위해 휴대폰을 어떻게 다뤄야 하는지 알려줄 수 있는 소중한 지침서 역할을 했으면 하는 바람입니다.

2006년 6월
고재학

차례

프롤로그 휴대폰에서의 해방 선언 ...4

1 휴대폰에 매몰된 우리 아이들

휴대폰 사용 24시간도 모자라요 ...15
1318 세대의 휴대폰 사랑 ...22
우리들의 마지막 비상구, 휴대폰 ...30
휴대폰 꾸미기에 '올인' ...36
말보다 문자가 편해요 ...41
용돈의 82%가 휴대폰 요금으로 나가요 ...47
아이들의 고민 : 휴대폰을 너무 갖고 싶어요 ...52

2 디지털 세대 부모의 고민들

아이의 공부와 생활 모두 망치는 휴대폰 ...61

손 안의 움직이는 포르노 채널 ...66

컴퓨터 게임보다 심각한 휴대폰 모바일 게임 ...76

아이들을 유혹하는 교묘한 상술 ...80

두 번 울리는 휴대폰 요금제도 ...91

휴대폰 중독도 병이다 ...100

부모들의 고민 : 휴대폰 사줘야 하나? ...112

3 휴대폰을 끄면 성적이 올라간다

성적과 휴대폰 사용은 반비례 관계 ...123
남학생은 '모바일 게임', 여학생은 '문자'가 문제 ...130
휴대폰을 버려야 공부하는 시간이 늘어난다 ...139
휴대폰을 멀리해야 사고력의 빈곤을 극복한다 ...144
논술 과외보다 휴대폰 통제가 우선이다 ...150
휴대폰이 쉬어야 소통이 회복된다 ...159
휴대폰이 사라지면 교실이 살아난다 ...166

4 자녀 휴대폰 사용 교육 10계명

- 우리 아이 휴대폰 중독 이렇게 극복했다 ...175
1. 절제력이 생길 때까지 구입을 최대한 늦춰라 ...181
2. 휴대폰 사용 규칙을 함께 만들어라 ...186
3. 자녀 명의로 가입하라 ...189
4. 공부할 때는 반드시 휴대폰을 꺼라 ...194
5. 문자 사용량을 통제하라 ...198
6. 무선인터넷 서비스는 원천 봉쇄하라 ...201
7. 휴대폰을 절대로 학교에 가져가지 말라 ...206
8. 딸에게 더 세심한 주의를 기울여라 ...210
9. 일주일에 한 번 휴대폰도 쉬게 하라 ...213
10. 부모와 교사가 모범을 보여라 ...218

에필로그 청소년 휴대폰 중독, 부모가 나서야 합니다 ...224

부록 청소년들의 인터넷, 휴대폰 은어 따라잡기 ...230
청소년 휴대폰 사용 지침 ...235
청소년 휴대폰 관련 비용 절약 방법 ...238
자녀 휴대폰 사용 교육 10계명 ...239
휴대폰 중독 자가측정표 ...241

1318세대에게 휴대폰은 과연 무엇일까요? 단순히 전화를 걸고 받는 '통신 수단'이 아닙니다. 24시간 손을 떠나지 않는 오락 도구이며, 패션이고, 친구들과의 소통을 위한 메신저입니다. 모바일 세대로 불리는 요즘 아이들에게서 휴대폰을 떼어내기는 현실적으로 쉽진 않겠지만, 그렇다고 포기할 수는 없습니다. 휴대폰 문제에 접근하는 첫걸음은 아이들의 휴대폰 코드를 이해하는 것으로부터 출발해야 합니다.

휴대폰에 매몰된 우리 아이들

휴대폰 사용 24시간도 모자라요

초등학교 6학년 새롬이에게 휴대폰은 단순한 통신기기가 아닙니다. 잠잘 때만 빼놓고 항상 손을 떠나지 않는 '분신'이나 다름없지요. 눈 뜨면서 잠이 들 때까지 기쁨과 슬픔을 함께하는 '재산목록 1호'인 셈입니다.

　새롬이는 초등학교 4학년 때 휴대폰을 처음 마련했습니다. "친구들이 생일 선물로 휴대폰을 가장 많이 받는다"면서 엄마를 졸라 처음 구입한 흑백폰은 1년 만에 컬러폰으로 바뀌었고, 지금은 MP3폰으로 진화했습니다. 지난 여름방학 때 "앞으로 시험을 잘 볼 테니 음악을 자유롭게 들을 수 있는 MP3폰으로 바꿔달라"고 엄마를 조른 지 1주일 만에 얻어낸 성과입니다. 새롬이가 붙여준 MP3폰의 애칭은 '애슬이'. '사랑스러운 슬림형 휴대폰'이라는 뜻이지요.

새롬이의 휴대폰 24시간을 들여다볼까요.

아침 7시 00분 : 휴대폰 모닝콜 소리에 눈을 뜬다. 무선인터넷으로 다운받아 저장해 놓은 윤도현의 노래 '사랑했나봐'가 경쾌하게 울린다. 화장실에 가면서도 자연스럽게 휴대폰을 손에 쥔다. 잠시라도 게임을 하거나 음악을 듣기 위해서다. 아빠가 아침 일찍 신문을 들고 화장실에 가듯이, 휴대폰을 들고 화장실에 가는 게 언제부턴가 자연스레 습관이 됐다.

아침 8시 10분 : 등교하는 길. 거리에서도 항상 음악을 듣는다. 며칠 전 신문을 읽던 아빠가 '청력이 손상될 우려가 있다'면서 이어폰 사용을 말리는 바람에 음악을 크게 틀어놓은 상태로 손에 MP3폰을 들고 다닌다.

아침 9시 30분 : 서울 S초등학교 6학년 1반 교실. 수업 시간에도 휴대폰에서 손을 떼는 법이 없다. 과제물이나 시험 범위 등을 메모하는 데 휴대폰을 사용하기도 하지만, 대부분은 문자를 보내거나 게임을 하는 데 이용한다. 필기가 귀찮을 때는 선생님이 칠판에 쓰거나 친구가 노트에 받아 적은 교과 내용을 직접 사진으로 찍기도 한다.

주위에서 취미를 물어보면 '문자메시지 보내기'라고 스스럼없이 얘기할 정도로 틈만 나면 친구들과 문자를 주고받는다. 이유는

새롬이의 휴대폰 24시간

없다. 그냥 무료함을 달래기 위해서다. 수업 중에도 선생님 눈을 피해 '뭐 하냐? 난 졸립다. 20000(이만)', '수업 끝나고 학원에 같이 갈래?' 등등의 시시콜콜한 얘기들이 책상 밑 휴대폰을 통해 어지럽게 오고간다. 밥을 먹을 때나 길을 걸을 때, 버스나 지하철 등 대중교통 수단을 이용할 때도 끊임없이 문자를 날린다.

수업 시간에 선생님 몰래 문자를 보내다 들킨 적도 여러 번이다. 친구들과 주고받는 문자메시지만 하루 200통이 넘는다. 집 전화번호를 아는 친구는 하나도 없다. 같은 반의 친한 친구 중 70% 이상이 휴대폰을 갖고 있고, 거의 100% 문자메시지로 대화를 하기 때문이다. 요즘은 친구들과 얼굴을 마주 대해도 말로 얘기하기보다 문자 보내기가 더 편하고 즐겁다.

아침 10시 50분 : 쉬는 시간이다. 종이 울리는 순간 교실은 시장바닥처럼 왁자지껄해진다. 본격적인 휴대폰 놀이가 시작되기 때문이다. 여기저기서 음악을 다운받아 친구들과 같이 듣거나 게임을 즐기는 아이들로 어수선하다. 카메라폰으로 서로 얼굴을 찍어주기도 한다.

오후 4시 40분 : 버스를 타고 영어 학원으로 향한다. 무선데이터 요금이 정액제로 바뀐 이후 무선인터넷도 수시로 이용하는 편이다. 자리에 앉는 순간 어김없이 폴더를 열고 모바일 게임을 시작한다. 게임이 지겨우면 드라마를 다운받는다. 엊저녁에 엄마 눈치 보느라 제대로 보지 못했던 드라마를 마음껏 볼 수 있어 너무 신이 난다.

오후 8시 30분 : 집 거실. 엄마가 잠시 슈퍼마켓에 가신 틈을 이용해 텔레비전을 보고 있는데 문자 한 통이 날아온다. 숙제나 컴퓨터 게임을 하다가 친구에게 문자가 와도 굳이 하던 일을 멈출 필요가 없다. 눈은 교과서나 컴퓨터 화면을 뚫어져라 응시하고 있어도, 손가락으로는 부지런히 휴대폰 자판을 누를 수 있기 때문이다. 책을 보거나 공부를 하는 동안에도 휴대폰은 항상 'ON'의 상태로 새롬이와 함께한다. 휴대폰의 문자가 자기 일을 방해한다고 느껴본 적은 한 번도 없다. 오히려 문자가 날아들면 더 즐겁다. 혼자 텔레비전을 보거나 게임을 하는 것보다, 친구와 이런저런 얘기를 나누며 느낌을 공유하면서 즐기는 게 더 재미있기 때문이다.

'연기 못하면 얼굴이라도 제대로 생길 것이지. ○○○ 너무 재수 없지?' '그 정도만 돼도 어디냐. 나는 짱 부러운데. ㅋㅋ. 웃는 것도 예쁘잖아?'

오후 10시 30분 : 머리맡에 '애슬이'를 조심스럽게 내려놓고 잠자리에 든다. SG워너비의 감미로운 노래 '살다가' '어린 사랑' 등을 들으며 꿈나라로 떠난다.

방학 때라고 다를 게 없습니다. 오히려 하루 24시간이 모자랄 정도로 휴대폰에 더 빠져듭니다. 친구들에게 문자 보내는 양은 다소 줄어들지만, 학교나 학원 수업 때문에 못 보았던 드라마나 게임을 마음대로 즐길 수 있기 때문이죠. 물론 거실에서 텔레비전을 보거나 컴퓨터 게임을 하면 엄마 아빠가 수시로 잔소리를 해댑니다. 하지만 이제 눈치 볼 필요가 없습니다. 휴대폰이 없을 때는 자기 방으로 쫓겨나는 것 외에 달리 방도가 없었지만, 지금은 상황이 달라졌습니다. 자기 방에 얌전히 틀어박혀 휴대폰으로 드라마를 보거나 게임을 해도 방해를 받는 법이 거의 없기 때문입니다. 엄마가 드라마를 보지 못하게 하면 슬며시 자기 방으로 들어와 무선인터넷에 접속하면 그만입니다. 간혹 엄마 아빠가 노크를 하고 들어오더라도 휴대폰 폴더를 닫아버리면 들키지 않고 넘어갈 수 있습니다.

혹시 새롬이의 사례를 보면서 '우리 애랑 어쩌면 이렇게 닮았을까?' 하고 여기는 분도 꽤 많을 것입니다. 사실 극단적인 사례로 치부하기엔 왠지 찜찜할 정도로 휴대폰은 우리 아이들의 일상생활에 깊숙이 자리하고 있는 게 엄연한 현실입니다.

휴대폰은 이제 오늘을 살아가는 현대인에게서 결코 떼어놓을 수 없는 생활필수품이 되어버렸습니다. 하루 24시간으로도 모자랄 만큼 바쁜 일상의 엄마 아빠들에겐 신속한 통화 용도로, 어린이와 청소년들에겐 무인도에 남더라도 가장 갖고 싶은 '장난감'이자 세상과 연결해 주는 '끈'으로 작용하기 때문입니다. 그럼에도 불구하고 우리의 소중한 자녀들이 24시간 맘 놓고 휴대폰을 이용하는 현실이 그리 즐겁게만 느껴지지 않는 게 솔직한 심정입니다. 감수성이 예민한 시기, 더욱이 독서와 다양한 경험들로 상상력과 창의력을 키우고 발전적인 미래를 모색해야 할 나이에, 온갖 말초적이고 자극적인 정보로 가득 찬 휴대폰에 아이를 맡겨두는 것은 아이들을 '지뢰밭'에 방치하는 것이나 마찬가지이기 때문입니다.

'M(모바일)세대'로 불리는 요즘 아이들에게서 휴대폰을 떼어내기는 현실적으로 쉽지 않겠지만, 그렇다고 포기할 수는 없습니다. 휴대폰 문제에 접근하는 첫 걸음은 아이들의 휴대폰 코드를 이해하는 것으로부터 출발해야 합니다.

1318 세대의 휴대폰 사랑

20여 년 전 제가 대학을 졸업할 무렵, 카메라는 졸업식의 추억을 담던 유일한 도구였습니다. 디지털카메라나 카메라폰이 아닌 진짜 '카메라' 말입니다. 그런데 몇 년 후 '캠코더'라는 신기한 놈이 등장하더군요. 1987년 노태우 정권이 단행한 '해외여행 자유화' 조치는 일제 캠코더를 국내에 널리 유행시킨 계기가 되었습니다. 저도 부친이 일본 여행을 다녀오면서 사다 주신 일제 캠코더로 아이들이 자라는 모습을 열심히 찍어준 기억이 납니다. 큰딸의 유치원 졸업식 때는 부모들의 손에 카메라 반, 캠코더 반 정도가 들려 있던 것으로 기억합니다.

요즘은 카메라와 캠코더 대신 디지털카메라나 카메라폰으로 추억을 담는 모습이 일반적입니다. 졸업·입학 선물도 1970~80년대에는 만년필, 책가방, 사전, 문구류, 신발 등이 대종을 이뤘으나, 90년대 이후 워크맨, 전자계산기 등 전자제품으로 바뀌었고, 최근엔 휴대폰, MP3플레이어, 디지털카메라 등의 인기가 치솟고 있습니다. 실제로 인터넷 포털사이트 네이버가 2005년 2월 방문자 11,600명을 대상으로 '가장 받고 싶은 졸업·입학 선물'에 대해 조사한 결과, 휴대폰이 전체 응답자의 52%라는 압도적인 지지로 디지털카메라(31%), MP3플레이어(11%) 등을 제치고 1위에 올랐습니다. YWCA가 청소년들을 대상으로 한 설문조사 '만약 무인도에 가게 된다면 가장 가져가고 싶은 물건이 무엇인가?'에서도 '휴대폰'을 '식량' 다음으로 많이 꼽았습니다.

이동전화 서비스가 우리나라에 처음 등장한 시기는 1960년으로 기록되어 있습니다. 대북 정책이나 보안 관련 업무를 다루는 정보기관이 수동교환기 방식의 무선 이동전화 서비스를 처음 도입했다고 합니다. 민간인 대상의 이동전화 서비스도 1961년 8월부터 시작됐습니다. 주로 '카폰'으로 불리던 차량 장착용 이동전화입니다. 당시만 해도 일반 유선전화로 시외 교환원을 호출, 차량 전화번호를 알려주면 교환원이 선택 호출 장치로 전파 신호를 발사해 차량의 벨이 울리는 방식이었습니다. 가입자 수도 80여 명에 불과했습니다.

미국에서도 1960년대 달라스를 방문하는 케네디 대통령 수행 기자단을 위해 차량에 이동전화 한 대를 설치해 줬는데, 케네디가 암살당한 직후 한 기자가 이동전화로 편집국에 1보를 알린 다음 다른 기자들의 송고를 방해하기 위해 전화기를 계속 붙들고 있었

다는 일화가 전해집니다. 1990년대 초 모 방송사의 시사 프로그램에서는 "일부 부유층 여대생의 충격적인 과소비 행태"라면서 휴대폰을 갖고 있는 모습을 방영했습니다. 휴대폰이 정보기관 등 '일부 특권층의 전유물'에서 '고가 사치품'을 거쳐 '생활필수품'으로 바뀌는 데 40여 년이 걸린 셈입니다.

그러면 휴대폰을 갖고 있는 아이들은 얼마나 될까요? 엄마 아빠 이름으로 가입한 경우가 많아 정확한 수치를 파악하긴 어렵지만, 2005년 말 우리나라 중·고생의 90%가량이 휴대폰을 갖고 있으리라는 게 관련 업계 및 전문가들의 추산입니다.

좀더 구체적으로 알아볼까요? 서울 YMCA 청소년팀이 2004년 12월 서울 시내 중·고생 1,300명을 대상으로 조사·분석한 '청소년 모바일 이용 실태' 보고서를 보면 10대 중·고생의 73.8%가 휴대폰을 사용하고 있습니다. 또 현재 휴대폰을 사용하지 않는 청소년 응답자 중에도 76.2%가 '나중에 사용할 계획이 있다'고 답했습니다.

청소년들의 하루 평균 음성통화는 4.8회에 불과한 반면, 문자메시지 발송은 40건이나 됐습니다. 휴대폰 문자메시지가 청소년들 사이에 중요한 커뮤니케이션 수단으로 자리매김했다는 사실을 알 수 있는 통계입니다. 전문가들은 10대 청소년 계층의 휴대폰 보급 속도가 워낙 빨라 이들의 휴대폰 보유율이 2005년 말 90%를 넘어섰고, 1~2년 안에 100%에 육박할 것으로 추정하고

1부_ 휴대폰에 매몰된 우리 아이들

있습니다.

　시민단체와 업계 관계자들은 상당수 청소년들이 모방소비와 충동소비 심리 때문에 휴대폰을 구입하고 있다고 설명합니다. 휴대폰 제조업체나 이동통신사들이 이같은 10대들의 특성과 심리를 놓칠 리 없습니다. 이들은 청소년들의 얄팍한 주머니 사정은 외면한 채 매출 신장에만 급급, 청소년들에게 불법 보조금을 지급하는 등 각종 탈법 판촉에 열을 올리고 있습니다. 하지만 휴대폰에 대한 신세대의 생각은 어른들과 다소 차이가 있습니다. 신세대가 이렇듯 휴대폰에 열광하는 이유가 단순히 모방심리 때문이기만 할까요?

　"우리 또래에게 휴대폰은 전화를 걸고 받는 '통신 수단'이 아니에요. 24시간 손을 떠나지 않는 '오락 도구'이자 '친구들과의 관계를 원활히 만들어주는 메신저'라고 할 수 있지요."

　경기도 G중학교 1학년 민석이의 휴대폰론입니다.

　우리나라 10대들의 휴대폰 사랑은 해외 언론에서도 주목을 받을 정도로 유별납니다. 미국의 뉴욕타임스는 2005년 9월 27일 '한국 여름의 꿈 : 대학과 새 휴대폰'이라는 제목의 기사에서 "대학 입학이 한국 청소년들의 장기 목표라면, 휴대폰을 갖는 것은 당장의 목표"라고 전했습니다. 고교 1학년 혜진 양의 목표는 고려대 영어교육과 입학이지만 당면 목표는 신형 휴대폰을 갖는 것이었고, 엄마는 시험 성적이 좋을 경우 새 휴대폰을 사주기로 약속했다는 것입니다. 뉴욕타임스는 "중학교 1학년 때부터 휴대폰을 사용해 온 혜진 양은 수업 중 오른손에 펜을 들고 정면을 응시하면서도 책상 아래에서 왼손을 이용해 문자메시지를 보내기도 한다. 대학 입학과 좋은 휴대폰은 혜진 양 또래들의 공통된 목표가 됐다"고 보도했습니다.

실제로 한국정보사회학회가 2001년 10월 전국의 중·고생 2,399명을 대상으로 조사한 결과, 절대 다수인 87%가 "휴대폰이 필요하다"고 응답했습니다. 조사를 주도했던 고려대 사회학과 박길성 교수 팀의 진단은 이렇습니다.

"기성세대의 휴대폰 용도는 '걸고 받기'(40대), '걸고 받고 음성 듣기'(30대)라면, '1318세대'에게 휴대폰은 '이동전화'이자 '알람시계'이고, '패션'인 동시에 '전자수첩'입니다. 단순한 사무용품이 아니라 항상 몸에 부착되어 있는 '신체 옵션'과 같지요. 친구들과의 의사소통을 위해, 아니 시간과 공간의 제약을 넘는 자신들만의 커뮤니티를 구성하기 위해 꼭 필요한 도구인 셈입니다."

Tip

중·고생 10명 중 8명이 무선인터넷 사용,
초등학생 가입자만 약 120만 명

정보통신부 집계에 따르면 2005년 말 우리나라의 휴대폰 가입자 수는 3,834만 명입니다. 이중 모바일 게임을 즐기는 사람은 10명 중 4명꼴인 1,400만 명, 매일 모바일 게임을 즐기는 사람도 휴대폰 가입자의 6.2%인 230만 명이나 됩니다.

위성 DMB방송이 시작되면서 활성화하고 있는 무선인터넷은 청소년의 79.7%가 이용하고 있고, 가장 많이 이용하는 무선 콘텐츠는 '벨·컬러링 다운로드'(71.1%), '게임·채팅'(17.5%) 등이었습니다. 무선인터넷을 이용하지 않는 청소년들의 절반(50.3%) 이상은 '비싼 이용 요금'을 원인으로 꼽았습니다. 무선인터넷을 이용하고는 싶지만, 요금 때문에 꺼려진다는 것입니다. 때문에 앞으로 청소년들의 무선인터넷 이용은 더욱 늘어날 것으로 보입니다.

이동통신 3사의 자료를 보면 2005년 말 휴대폰을 보유한 10대

이하 어린이와 청소년은 약 478만 명입니다. 전국의 초등학생 (402만 명)과 중·고생이 총 779만 명인 점을 감안하면, 어린이와 청소년 10명 중 6명 이상이 휴대폰을 사용하는 셈입니다. 물론 엄마 아빠 명의로 가입한 경우를 합치면 그 비율은 훨씬 늘어날 것입니다.

주목해야 할 부분은 초등학생 가입자 비율이 빠른 속도로 늘어나고 있다는 점입니다. 2004년 3월 SK텔레콤 고객 중 초등학생은 전체 가입자의 1.1%인 20만 2,000명 정도였으나, 불과 1년 6개월 후인 2005년 10월엔 40만 8,000명(전체 가입자의 2.1%)으로 2배가량 늘어났습니다. KTF 역시 2001년 말, 전체의 1.3%(12만 명)였던 초등학생 비중이 2005년 말에는 3.7%(45만 명)로 3배 가까이 급증했습니다.

3개 이동통신사의 초등학생 가입자 수는 2005년 말, 약 120만 명에 달합니다. 하지만 나이가 어릴수록 부모 등 보호자 명의로 가입해 사용하는 경우가 많다는 점을 고려하면, 실제 초등학생 이용자는 2.7명당 1명꼴인 150만 명을 훨씬 웃돌 것으로 추정됩니다. 2004년 12월 소비자보호원이 발표한 자료에 따르면, 휴대폰 명의가 청소년 본인으로 된 경우는 약 60%이며 나머지 40%는 부모 등 보호자 명의였습니다.

우리들의 마지막 비상구, 휴대폰

초등학교 5학년 동석이는 3개월 전 휴대폰을 생일 선물로 받은 뒤부터 무척 명랑해졌습니다. 예전보다 사귀는 친구들이 늘었고 선택 가능한 놀이도 다양해졌기 때문입니다.

"지금은 집 밖에 나가 놀아도 언제든 친구들과 연락할 수 있으니까 심심하지 않아서 너무 좋아요. 전에는 서바이벌 게임을 하고 싶어도 친구들과 연락이 잘 안 돼 혼자 놀 때가 많았는데, 지금은 필요할 때마다 친구와 통화할 수 있거든요."

아직 휴대폰을 장만하지 못한 서울 M초등학교 6학년 미선이의 얘기를 들어보죠.

"공부가 지겨울 때면 드라마를 보거나 음악을 듣고 싶은 생각이 간절해져요. 물론 만화책을 빌려 보거나 컴퓨터 게임을 하고 싶을 때도 있죠. 그런데 집에서는 항상 행동이 자유롭지 못해요. 드라마라도 잠깐 보고 있으면 뒤통수에 꽂히는 엄마의 눈초리가 느껴져 금방 포기하고 말아요. 친구와 잡담이라도 나누면 스트레스가 풀릴 텐데, 가족들이 대화를 '엿듣는' 집 전화는 마음대로 대화를 나누기도 힘들잖아요. 저도 휴대폰이 있었으면 좋겠어요. 아무 데서나 친구들과 자유롭게 대화를 나눌 수 있으니까요. 엄마 눈치 보지 않고 드라마도 실컷 보고 좋아하는 게임도 마음껏 하고 싶어요."

"저는 여자친구를 사귀면서 휴대폰을 샀어요. 여자친구와 이야기하고 싶을 때 언제든지 통화하고 싶어서요. 저녁에 여자친구와 헤어지고 나면 잘 들어갔는지 걱정도 되고 해서 전화를 하는데, 그러면 안심도 되고, 목소리도 들을 수 있어서 너무 좋아요."(10대 청소년)

(『중등 우리교육』 2000년 9월호 중에서)

10대 청소년들에게 휴대폰은 어떤 의미가 있을까요? 극동대 연구팀이 2005년 7월 서울 지역 중학생 8명을 심층 면접했습니다. '휴대폰을 한 마디로 표현한다면?'이라는 질문을 던졌더니, 이런 대답들이 돌아왔다고 합니다. '나의 일상생활' '나의 보물 1호이자 필수품' '끈' '나의 컴퓨터' '소통 도구가 아닌 나의 일부' '친구와의 관계를 이어주는 끈' '나만의 공간' 등등.

전문가들은 휴대폰의 특성 자체가 구속을 싫어하는 아이들의 기호에 딱 들어맞는다고 분석합니다. 사실 휴대폰은 시간과 장소에 구애받지 않고 자유롭게 이동하며 사용할 수 있는 정보화 기기입니다. 텔레비전이나 컴퓨터, 유선전화 등은 장소의 제약을 받을 수밖에 없지만, 휴대폰은 학교, 독서실, 극장, 화장실 등 어디에 가건 손에 들고 이동할 수 있습니다.

10대는 자유롭습니다. 아니 항상 자유를 꿈꿉니다. 자기 인생의 당당한 주인공이길 원합니다. 당연히 자기를 표현하고 싶은 욕구와 개성을 추구하려는 경향도 강합니다. 그런데 현실의 분위기는 어떤가요? 정반대입니다. 아이들의 이런 욕구를 받아주기는커녕, 학교와 학원에 가둬놓고 획일적인 내용의 지식만 주입하려 듭니다. 사회가 만들어놓은 울타리를 조금만 벗어나도 가차 없이 규제와 벌칙이 날아듭니다.

여가생활 또한 아이들의 다양한 문화적, 소비적 욕구를 채워주기엔 활동 무대가 너무나 비좁습니다. 이렇게 답답하고 암울한 현실에서 벗어날 수 있는 출구는 없는 걸까요? 이들에겐 힘겹고 지친 일상을 하소연하는 '친구'와 세상과 소통하는 '통로'가 절실히 필요합니다.

그래서 아이들은 휴대폰에 집착합니다. 휴대폰을 통해 '자유의 공간'을 만드는 것입니다. 장소의 제약을 뚫고, 엄마 아빠와 선생님의 감시의 눈길을 피해, 친구들과의 소통과 놀이를 확대시킬 수

있기 때문입니다. 활자보다는 영상매체에 훨씬 더 익숙한 요즘 아이들에게 문자뿐 아니라 소리, 사진, 동영상 등의 정보를 무제한으로, 그것도 쌍방향으로 전달해 주는 멀티미디어라는 점도 휴대폰의 큰 매력입니다.

중앙대 청소년학과 최윤진 교수는 "아이들의 의사소통 체계인 모바일은 아이들이 성인이 되어서도 이를 바탕으로 한 의사소통 체계로 유지될 가능성이 크다"고 예측합니다. 한글 파괴나 욕설 등으로 기성세대가 갖고 있는 언어체계를 훼손하기도 하지만, 이모티콘 활용이나 의사소통의 경제화, 시간 단축 등 새로운 소통체계를 만들어가는 긍정적 측면이 있다는 것입니다. 문화평론가 김종휘 씨도 "휴대폰 사용에 있어 아이와 어른 간에 차이가 있을 뿐인데, 이를 수능시험 부정이나 사고력 결핍의 원인으로 연결하는 것은 억측"이라고 주장합니다.

일리가 있는 지적이라고 생각합니다. 우리 아이들이 휴대폰에 유독 집착하는 데에는 과중한 학습 부담과 진학 스트레스 탓에 여가나 취미생활, 또래들과의 관계나 놀이를 즐길 만한 시간적, 공간적 여유가 없다는 점이 큰 몫을 차지하고 있습니다. 입시 경쟁에서 벗어나기 위해 안간힘을 쓰는 아이들을 보면 우선 안쓰러운 마음이 드는 게 솔직한 심정입니다. 사실 휴대폰을 통해 만들어지는 그들만의 공간은 아이들의 마지막 비상구일 수도 있습니다. 그럼에도 불구하고 우리가 안심할 수 없는 것은 휴대폰의 공간을 건강한 자유의 공간으로 만들기 위해 풀어야 할 문제들이 너무나 많기 때문입니다.

뒤에서 자세히 살펴보겠지만, 휴대폰은 개인의 자유로운 사적 공간에 머물지 않고, 이미 공공장소를 심각하게 위협하는 존재로 떠올랐습니다. 휴대폰을 이용한 수능시험 부정, 타인의 자유를 침해하는 공공장소에서의 휴대폰 소음 등이 대표적인 사례입니다.

요즘 일본 청소년들에게선 과거에 볼 수 없었던 특이한 행태들이 발견되고 있습니다. 여고생들이 승객들로 북적대는 지하철 객차 안에서 옷을 갈아입고, 남학생들은 사람들이 지나다니는 길옆에 태연히 앉아 도시락을 먹기도 합니다. 휴대폰이 만들어준 사적 공간과 공적인 장소를 구별하지 못해 벌어지는 현상들입니다. 우리 아이들을 휴대폰의 역기능으로부터 보호하려면 휴대폰의 실체를 제대로 분석하고 대안을 마련하는 노력이 선행돼야 합니다.

휴대폰 꾸미기에 '올인'

초등학교 6학년 미정이의 휴대폰은 화려하다 못해 눈이 부실 지경입니다. 작년 크리스마스 선물로 아빠에게서 휴대폰을 처음 받은 이후 각종 액세서리로 휴대폰을 치장하는 게 유일한 취미가 됐습니다. 미정이는 휴대폰을 받은 다음날 친구와 함께 휴대폰 튜닝 가게로 달려갔습니다. 휴대폰 튜닝이란 휴대폰에 새로운 색을 입히거나, 키패드·안테나 등에 불이 들어오도록 광섬유를 넣거나, 혹은 벨 소리를 증폭시키는 등 휴대폰을 개조하는 일을 말합니다. 일종의 휴대폰 성형수술인 셈이죠. 미정이는 돼지 저금통을 털어 마련한 15만 원으로 휴대폰을 정말 '멋지게' 꾸몄습니다.

이후에도 한 번에 보통 2~3만 원씩 들여 수시로 휴대폰 튜닝을 하고 있습니다. 보통 한 달 용돈(5만 원)의 절반가량이 휴대폰 치장에 들어갑니다. 그렇지만 미정이는 지금까지 단 한 번도 튜닝에 들인 비용을 아깝다고 생각해 본 적이 없습니다. 휴대폰은 자신의 '분신'이자 '애완동물'이기 때문입니다.

"멋진 휴대폰을 가진 친구들은 부러움의 대상이에요. 새로 튜닝을 한 휴대폰을 들고 학교에 갈 때는 막 날아가는 기분이 들어요. 우리 집이 굉장한 부자인 줄 알고 친구들이 모두 부러워하기 때문에 뿌듯하기도 하고요."

초등학교 5학년 윤석이는 작년 어린이날 할아버지를 졸라 휴대폰을 선물로 받았습니다. 윤석이가 휴대폰 포장을 뜯자마자 달려간 곳은 어디일까요? 바로 동네 선물 가게입니다. 화려한 모양의 휴대폰 줄과 엽기토끼 인형으로 휴대폰을 꾸미기 위해서였습니다. 윤석이는 휴대폰에 내장돼 있는 벨 소리를 들어보더니, "좋아하는 노래가 별로 없다"면서 당장 윤도현 밴드와 SG워너비의 노래를 음악 파일로 다운받았습니다. 액정 화면에는 자신이 좋아하는 탤런트 윤은혜의 얼굴 사진을 깔았습니다.

윤석이 엄마는 "요즘 아이들은 휴대폰을 24시간 몸에 지니고 다니면서 신체의 일부처럼 여기는 것 같아요. 윤석이도 종일 휴대폰을 끼고 살아요. 너무 휴대폰을 애지중지하니까, 저렇게 집착하다 나중에 어떻게 될까 걱정이 될 정도예요"라

고 말합니다.

　휴대폰을 부와 명예, 지위를 상징하는 도구로 과시하려는 경향은 어른들 세계에서도 엿보입니다. 휴대폰이 롤렉스 시계처럼 원래의 기능보다는 소유한 사람의 지위를 나타내는 '상징물'로 바뀌고 있는 것입니다. 핀란드의 휴대폰 제조업체 노키아는 2005년에 다이아몬드와 루비 등으로 장식된 88,300달러(한화 약 8,500만 원)짜리 휴대폰을 만들어 화제를 모으기도 했습니다.

　휴대폰을 단순한 통신 수단이 아니라 항상 몸에 지니고 다니는 장식품으로 여기는 경향은 나이가 어릴수록 더 심합니다. 디지털 기기를 다루는 데 익숙할뿐더러 휴대폰을 자신의 일부이자 자기 표현의 도구로 인식하는 세대이기 때문입니다. 자신만의 독특한 휴대폰을 갖고 싶다는 욕구는 휴대폰 구매 과정에서도 그대로 나타납니다. 옷과 신발을 살 때 자기 개성을 추구하듯이, 휴대폰 단말기를 구입할 때도 디자인이나 유행을 최우선적으로 고려하는 것입니다.

　한국정보사회학회 조사에서도 휴대폰을 고를 때 가장 많이 고려하는 항목이 '단말기 종류와 디자인'으로 나타났습니다. 10대 청소년의 68%는 '주위에서 좋은 휴대폰을 갖고 있으면 부럽다'는 반응을 보였고, 61.6%는 '새 휴대폰 광고에 관심이 있다'고 답했습니다. 많은 청소년들이 마음에 드는 옷이나 모자, 장신구로 자신의 몸을 꾸미듯이, 예쁜 스티커나 인형으로 휴대폰을 꾸미는 것이 유행처럼 번지고 있는 것입니다.

　인터넷에서 사용되던 '아바타(개인의 사이버 캐릭터)'도 휴대폰으로 진출한 지 오래입니다. 고려대 박길성 교수의 분석은 이렇습니다.

　"아바타는 결국 자신이 창조해 낸 또 하나의 자신입니다. 현실 생활 속에서는 여러 제약 때문에 추구할 수 없는 자신의 욕구가 아바타를 통해 한껏 표출되는 것이죠. 아바타를 이용하면 키가 작거나 못생겼거나 옷차림이 너무 평범하다는 등의 약점을 감춘 채 다른 사람들과 대화를 즐길 수 있습니다. 휴대폰은 청소년 개개인의 자기표현 욕구를 표출하는 수단이자 대상일 뿐 아니라, 청소년들이 좋아하는 행위 양식들을 생산하고 자신들의 감정을 교환하는 문화 생산의 도구이자, 문화의 확산 매체 역할도 하고 있습니다."

말보다 문자가 편해요

 2005년 11월 인터넷 언론 오마이뉴스에선 시민 기자가 올린 사진 한 장이 화제가 되었습니다. 바닥에 작은 구멍이 하나씩 뚫린 책상 두 개가 실린 사진이었습니다. 학생들이 수업 시간에 선생님의 눈을 피해 문자메시지를 보내려고 조각칼로 뚫은 구멍이었습니다. 교무실에 불려온 학생은 "인터넷 검색을 하다가 책상에 구멍을 파고 빨대로 음료수 먹는 사진을 우연히 본 기억이 나서 충동적으로 구멍을 팠어요"라고 고백했습니다.

사진을 올린 시민 기자(아마도 이 학교 선생님인 듯싶습니다)는 "무조건 나무라기엔 너무나 기발한 발상! 그렇다고 그냥 넘어가기엔 명백한 잘못! 휴대폰 소지가 금지된 상황에서 문자메시지를 주고받고 싶은 엄지세대, 그들만의 욕망이 책상

구멍으로 분출됐다. 아아, 금지와 욕망이 충돌하면 저런 구멍도 생기나 보다"라고 안타까움을 적었습니다.

 초등학교 6학년 수정이는 잠을 잘 때도 휴대폰을 안고 잡니다. 아침에 일어나면 가장 먼저 문자메시지를 확인하고 답장을 하거나, 친한 친구들에게 오늘 스케줄과 관련된 문자를 보내기 시작합니다. 만일 회신 문자가 금방 오지 않으면 '씹혔다'면서 안절부절못하지요. 수정이는 수업 시간에도 휴대폰에서 손을 떼는 법이 없습니다. 쉼 없이 친구와 문자를 주고받습니다. 하루 이용하는 문자메시지는 보통 150통. 웬만한 어른들이 한 달 동안 보내는 문자를 하루에 '날리는' 셈입니다. 수정이는 이렇게 하소연합니다.

"문자를 보내지 않으면 심심하기도 하고 왠지 불안해요. 선생님에게 들키면 1주일 동안 압수당하기 때문에 구형 휴대폰을 여분으로 갖고 다녀요."

2006년 4월 발표된 광고회사 대홍기획 조사 자료를 보면 서울 지역 중·고생의 63.5%는 "직접 말하기보다 문자나 메신저를 더 많이 사용한다"고 답했습니다. 하루 평균 문자 발송 건수는 98통이나 됩니다. 무제한 문자요금이 도입되면서부터 시간과 장소를 가리지 않고 문자를 보내는 일이 더욱 성행하고 있음을 알 수 있습니다.

고려대 박 교수 팀의 조사에서도 청소년의 80% 이상이 말로 통화하기보다는 문자메시지를 더 많이 사용하는 것으로 드러났습니다.

서울 강남 B중학교 2학년 김 모 군은 최근 여자친구에게 하룻밤에 50통의 문자메시지를 계속 보내다 아빠에게 들켜 크게 혼이 났습니다. 아빠는 망치를 가져와 휴대폰을 부숴버렸죠. 김 군은 "여자친구와 전화로 대화를 나눈 적은 거의 없어요. 음성통화보다는 문자를 주고받는 게 훨씬 편하거든요. 얼굴을 마주보고 있을 때도 서로 문자로 얘기할 때가 많아요"라고 말했습니다.

또한 청소년들은 '문자메시지만의 고유한 언어가 있다'(72.5%), '문자메시지 보낼 때 친한 친구들끼리만 통하는 특별한 기호가 있다'(47%), '문자메시지 보낼 때 어법을 맞추면 오히려 이상하다'(56.6%)라고 답했습니다.

문자메시지를 통한 새로운 어휘, 기호, 어법의 생산과 확산이 청소년들 사이에서 매우 자연스러운 언어생활의 일부로 자리잡고 있는 것입니다. 예컨대, 방가(반가워), 설녀(서울에 사는 여자), 시러(싫어), 멜(메일), 잼난(재미있는), 토욜(토요일) 등 새로운 축약어가 계속해서 만들어지고 이제는 마치 일상용어처럼 자연스럽게 사용되고 있습니다. 정해진 규범과 규칙을 무조건 따르는 것을 싫어하는 청소년들의 성향 때문에라도 축약어의 유행은 오래도록 지속될 것입니다.

요즘 아이들은 친구들을 만나 직접 얼굴을 마주보고 놀 때도 말로 대화하기보다는 문자를 주고받는 게 더 편하다고 말합니다. 자신의 감정을 마음속에 담아두려 하지 않는 것도 1318세대의 특징입니다. 즐거워도, 화가 나도, 곧 자신의 감정을 풀어버려야 속이 시원합니다. 문자는 언제 어디서나 자기의 감정을 표출할 수 있는 최고의 수단이며, '표현은 본능이다'라는 어느 CF의 카피처럼 즉각적인 표현 방식에 가장 잘 어울리는 도구인 셈입니다.

이처럼 얼마나 많은 문자를 보내는가, 얼마나 빨리 보낼 수 있는가가 아이들에겐 중요한 의미가 되고 있는데, 어른들은 아이들의 이런 코드를 제대로 이해하지 못하고 있습니다. 자녀와의 갈등은 상당 부분 아이들에 대한 부모의 이해 부족 때문인 경우가 많습니다. 요즘 교실에서 벌어지는 문자 중독 현상은 어른들의 상상을 초월할 정도로 심각합니다. 극동대 연구팀이 2005년 7월 서울 지역 중학생 8명을 심층 면접한 결과, 수업 시간에 문자메시지를 사용하지 않는 학생은 1명도 없었습니다. '수업 중에 얼마나 자주 문자를 보내고 받는가?'라는 질문에 대해 학생들은 '한 달에 약 1,600통', '한 수업 시간당 10통', '한 달에 2,000통 정도', '수업 중 아무 때나' 등으로 답했습니다.

3부에서 자세히 언급하겠지만, 문자 중독은 아이들의 창의적이고 논리적인 사고와 글쓰기 능력을 떨어뜨리는 주범입니다. 수업 분위기를 망쳐 집중력을 떨어뜨리기도 합니다. 물론 건강에도 좋지 않습니다. 분당 서울대병원은 고교생 10명 중 1명은 자신의 방이나 독서실, 책상 밑 좁은 공간 등에서 쉴 새 없이 버튼을 누르는 바람에 혈액순환장애가 생겨 어깨통증으로 이어지는 '단순반복증후군'에 시달리고 있다는 조사 결과를 발표했습니다. 여러분의 자녀도 예외는 아닙니다. 말보다 문자가 편한 세대, '엄지족'이 바로 여러분의 자녀일 수도 있습니다.

용돈의 82%가 휴대폰 요금으로 나가요

　서울 B초등학교 5학년 윤정이가 한 달에 내는 휴대폰 요금은 5만 원 안팎입니다. 한 달 용돈(5만 원)의 대부분을 휴대폰에 쏟아붓는 셈입니다. 간혹 용돈 한도를 초과해서 엄마에게 따로 손을 벌리는 경우도 허다합니다. 휴대폰 교체나 튜닝에 들어가는 비용도 만만치 않습니다. 2년 전에 사준 컬러폰을 카메라폰으로 교체한 게 불과 6개월 전인데, 또다시 MP3폰으로 바꿔달라고 조르고 있습니다.

　그런데 윤정이가 외동딸인 탓인지, 엄마의 마음은 왠지 미안하기만 합니다. 하나뿐인 자식이다 보니 무조건 잘해주고 싶다는 보상심리가 작용한 것인지도 모르겠습니다. 윤정이 엄마는 "대리점에 물어보니 디자인이 괜찮은 MP3폰은 100만 원 가까이 줘야 한다는데, 너무 부담스럽네요. 돈을 모아

서 내년에 생일 선물로 사줄까 생각 중이에요"라고 말합니다.

 서울 S중학교 박수봉 선생님은 최근 황당한 경험을 했습니다. 수업 중에 문자를 보내고 있는 여학생을 발견해서 몇 번 주의를 줬는데도 책상 서랍 속에서 엄지손가락을 계속 놀려대 결국 압수를 했다고 합니다.(이 학교는 수업 중에 문자를 보내거나 게임을 하다가 처음 적발되면 1주일 동안 압수하고, 두 번째는 2주일, 세 번째 걸리면 1개월 동안 압수합니다.)

그런데 다음날, 그 여학생은 가격이 70만 원이 넘는다는 최신형 휴대폰을 들고 왔습니다. 부잣집 외동딸인 여학생은 "엄마가 곧바로 사줬어요"라고 스스럼없이 말했답니다. 며칠 뒤 수업 시간에 또다시 문자를 보내다가 들켜서 신형 휴대폰도 압수당하자 그 다음날에는 엄마가 쓰는 휴대폰을 갖고 나타났습니다. 박 선생님은 "압수에 대비해 아예 휴대폰을 2개씩 갖고 다니는 학생도 드물지 않다"고 씁쓸히 말했습니다.

2004년 YWCA 조사에 따르면 휴대폰을 가진 중·고생의 38.6%가 1년 안에 휴대폰을 바꾸고 있습니다. 물론 학교에서 압수당할 때를 대비해 사용하지 않는 구형 휴대폰을 여분으로 갖고 다니는 학생들도 많다고 합니다. 매월 휴대폰 요금으로 5만 원 이상 지출하는 학생도 18.2%나 됩니다. 시민단체 관계자들은 "청소년들의 소비 행태가 갈수록 어른을 닮아가는 것은 바로 휴대폰 때문"이라고 강조합니다. 10대 청소년들이 용돈의 대부분을 휴대폰 요금으로 지출하고 있고, 신형 휴대폰 구입과 휴대폰 튜닝에 소비하는 돈도 상당하다는 것입니다. 휴대폰 요금을 마련하기 위해, 또는 최신형 휴대폰을 사고 싶은 욕심에 아르바이트를 하거나 원조교제를 하는 학생도 늘어나고 있습니다.

소비자연맹 대구지부가 2000년 10월, 지역 고교생 968명을 대상으로 소비행태에 관한 조사를 실시한 적이 있습니다. 조사 대상의 55.3%가 할부 구입을 경험한 것으로 드러났는데, 할부 구매 물품으로 휴대폰(69.8%)이 가장 많았답니다. 대금 지불 방법은 부모에게 의존(73.9%)하는 경우가 일반적이었지만, 부모 몰래 용돈(6.6%)이나 아르바이트(3.9%)로 해결하는 경우도 있었습니다. 학생들은 월 평균 용돈의 82.3%를 휴대폰 이용에 지출했습니다.

휴대폰은 종종 친구들 사이에 분란의 씨앗이 되기도 합니다. 10대들의 상당수가 휴대폰을 정액제로 이용하고 있는데, 약정한 사용시간을 다 쓰면 친구 것을 빼앗아 사용하는 경우가 많기 때문입니다. 예를 들어 A이동통신업체 서비스를 쓰는 아이들은 15일을 넘어설 경우, B이동통신업체 서비스를 쓰는 아이들은 월초가 되면 약정시간을 다 써버려 휴대폰을 빌리느라 혈안인 모습이 요즘 교실의 흔한 풍경이 돼버렸습니다.

휴대폰이 제공하는 서비스의 종류는 무궁무진합니다. 디지털

기기에 익숙하지 않은 어른들은 이용하고 싶어도 방법을 몰라 포기해야 할 정도로 기능이 다양합니다. 그러다 보니 디지털 세대인 10대들이 휴대폰 서비스의 주요 소비 계층을 이루고 있습니다.

아이들은 휴대폰 구매결정에도 엄청난 영향력을 행사합니다. 광고회사 제일기획이 2002년 프리틴(preteen, 10~12세)의 구매영향력 지수(부모의 최종 구입에 관여하는 정도)를 조사한 결과, 이동통신기기의 경우 40%라는 수치가 나왔습니다.

지금은 이 수치가 훨씬 높아졌으리라는 게 전문가들의 추정입니다. 어릴 적부터 텔레비전과 인터넷을 접해온 아이들이 자신에게 익숙한 기기인 휴대폰을 구입하는 일에 막강한 영향력을 행사하고 있다는 얘기입니다. 그러나 철저히 경제논리에 따라 움직이는 휴대폰 제조업체나 이동통신사들은 눈앞의 판매이익에만 급급할 뿐, 나이 어린 10대 소비자들을 무시하기 일쑤입니다.

아이들의 고민 : 휴대폰을 너무 갖고 싶어요

 "요즘 개나 소나 휴대폰 갖고 다니던데, 7살짜리도 갖고 다니고, 초딩(초등학생)들도 휴대폰 많이 갖고 있던데, 그리고 중학생이면 과반수가 휴대폰 있잖아요. 근데 우리 아빠는 참 이상한 게 중학교 2학년이 돼야 휴대폰을 사주겠다고 하네요. 아빠를 어떻게 설득해야 휴대폰을 살 수 있을까요?"

 "저는 중학교 1학년입니다. 휴대폰을 너무 갖고 싶습니다. 초등학교 6학년 때 친구들이 휴대폰을 사는 걸 보고 저 역시 사고 싶은 마음이 간절했지만, 그래도 꾹 참고 1년이라는 세월을 보냈어요. 엄마가 졸업식 때 사준다고 약속했지만 결국 사주시지 않았어요. 그래서 부모님 몰래 울었어요. 그렇다고 부모님과 조용히 상의할 수도 없습니다. 계속 시도해 보려고는 하지만 분명히 저한테 잔소리만 하실 게 뻔하고요. 요즘 우리 반에 휴대폰 갖고 있는 친구들이 너무 많습니다. 빨간 통에 담으면 휴대폰이 넘칩니다. 쉬는 시간에 휴대폰으로 사진을 찍거나 문자메시지를 보내는 친구들을 보면 '여기서 휴대폰 사용하지 마라'고 외치고 싶습니다. 요즘엔 제가 휴대폰이 없다고 친구들이 멀리하는 것 같습니다. 어떻게 해야 휴대폰을 가질 수 있을까요?"

인터넷 상담사이트에 올라온 중학교 1학년 학생들의 고민입니다. 또래들은 여기에 대해 어떻게 생각할까요? 물론, 대다수 아이들은 휴대폰의 필요성에 공감하면서 부모님에게 휴대폰을 얻어낼 수 있는 다양한 아이디어(?)를 적극적으로 제안하고 있습니다.

"일단 성적 얘기를 꺼내보세요. 평균 90점을 넘으면 사준다든가, 각서를 받아보세요. 그리고 한 번쯤 집에 늦게 들어가 보세요. 그럼 집에서는 내가 어디 있는지 걱정이 되거든요. 부모님이 연락도 못하고 걱정할 때 늦게 들어가서 '휴대폰도 없고 돈도 없어서 연락을 못했어요'라고 하세요. 그리고 은근 슬쩍 '휴대폰이 없으니까 아주 답답했어요'라고 힘들었던 마음을 표현해 보세요. 그래도 안 사주면 이런 식으로 말해 보세요. '저도 다른 애들처럼 휴대폰으로 전화도 하고 문자도 보내고 싶단 말예요. 우리 반에 수십 명이 휴대폰을 갖고 있는데, 휴대폰이 없으면 친해질 수도 없고 소외감도 든단 말예요. 요금 적게 나오게 하고 공부 더 열심히 할 테니 제발 휴대폰 사주세요.' 하나 더. 이건 약간의 연기력이 필요합니다. 엄마가 설거지하거나 빨래를 널고 계실 때 그 부근에 가서 책을 읽다가 잠든 척해보세요. 그리고 꿈을 꾸는 것처럼 팔을 저으며 연기를 하는 거예요. '휴대폰! 나 휴대폰이 필요한데……. 아빠 엄마, 휴대폰…….'

"저는 3년 동안 휴대폰 사달라고 실랑이하다가 학교 안 가겠다고 하니까 사주시던데요. 솔직한 심정으로 말해 보세요. 나만 없어서 쪽팔린다고. 내가 '왕따' 당하길 원하냐고."

"타당한 이유를 말씀 드려도 안 사주시면, 친척에게 도움을 청하세요. 중학교 2학년 올라가는 제 친척 언니는 3개월 동안 이모들에게 부탁해서 결국 소원을 이뤘습니다."

"가장 좋은 방법은 시험입니다. 저도 작년에 평균 10점 이상 올리면 휴대폰 사달라고 했는데, 4점밖에 못 올려 실패했습니다. 그러니 이 방법은 자신 있을 때 해야 합니다. 엄마한테 편지로 이유를 들어가며 설명하는 게 가장 좋습니다. '내가 휴대폰이 필요한 이유, 1. 원만한 대인관계 유지를 위해 2. 요즘 자주 일어나고 있는 폭행사건에 대비해 3. 공부하려고 해

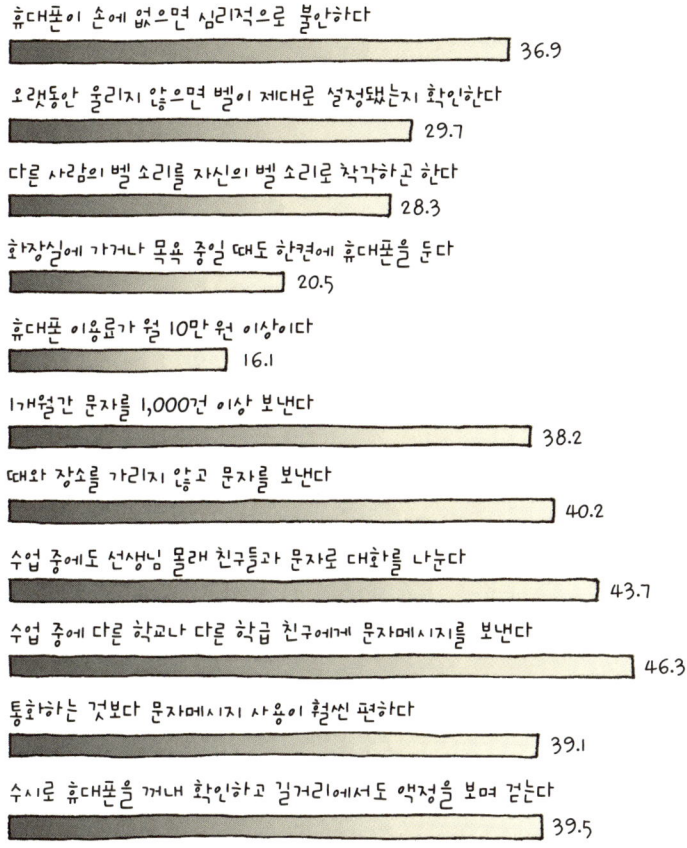

휴대폰 몰입 정도 (단위:%)

- 휴대폰이 손에 없으면 심리적으로 불안하다 36.9
- 오랫동안 울리지 않으면 벨이 제대로 설정됐는지 확인한다 29.7
- 다른 사람의 벨 소리를 자신의 벨 소리로 착각하곤 한다 28.3
- 화장실에 가거나 목욕 중일 때도 한켠에 휴대폰을 둔다 20.5
- 휴대폰 이용료가 월 10만 원 이상이다 16.1
- 1개월간 문자를 1,000건 이상 보낸다 38.2
- 때와 장소를 가리지 않고 문자를 보낸다 40.2
- 수업 중에도 선생님 몰래 친구들과 문자로 대화를 나눈다 43.7
- 수업 중에 다른 학교나 다른 학급 친구에게 문자메시지를 보낸다 46.3
- 통화하는 것보다 문자메시지 사용이 훨씬 편하다 39.1
- 수시로 휴대폰을 꺼내 확인하고 길거리에서도 액정을 보며 걷는다 39.5

2005년 7월 수도권 지역 중·고생 1,088명 조사 결과, 복수응답
(자료: 한국정보문화진흥원)

도 눈앞에 휴대폰이 아른거려.' 저도 이 방법으로 얼마 후 휴대폰을 장만했습니다."

극히 일부에 불과하지만, 학생들의 휴대폰 소지에 대해 부정적으로 답한 대견스러운(?) 학생들도 있습니다.

"그냥 중학교 2학년 때까지 참는 게 좋습니다. 집과 학교가 가까우면 부모님과 통화할 일은 거의 없고요. 애들끼리 문자 주고받고 하는데, 솔직히 제가 3개월 정도 써본 결과 괜히 헛돈만 날린 것 같습니다(한 달에 5만 원 정도). 저는 휴대폰을 끊고 공기계 상태로 나뒀다가 고등학교에 들어가면 쓸 생각입니다. 친구들이 휴대폰 들고 다녀도 그냥 쇳덩어리 들고 다닌다고 생각하니, 소외감도 안 느끼고 아무 이상 없습니다. 그리고 날이 가면 갈수록 최신형 휴대폰이 쏟아집니다. 나중에 사는 게 후회도 안 하고 다기능 폰을 가질 수 있습니다. 물건이나 돈으로 사귀는 친구 말고 진정한 친구를 만드는 게 좋을 것 같네요."

"솔직히 휴대폰 사면 공부에 방해만 되고, 도움 되는 것 하나도 없어요. 휴대폰이 정말 매력 있는 물건이고 다른 친구들보다 먼저 갖고 싶은 마음은 공감하지만, 그래도 좀더 기다렸다가 친구들이 절반 이상 휴대폰을 들고 다닐 때쯤 사는 게 가장 좋아요."

"제가 보기엔 대입 수능시험이 끝나고 나서 사는 게 현명하다고 봅니다. 수능시험 보기 전까지는 공부해야 할 때이기도 하고."

'견물생심'이라고 또래들이 휴대폰을 갖고 노는 모습을 보면서 자기도 휴대폰이 있었으면 하고 아이들이 바라는 것은 너무도 자연스러운 현상입니다. 그렇지만 '자기만 휴대폰이 없어 친구들 사이에서 소외된다'거나 '비상 상황에서 연락을 하기 어렵다'는 식의 아이들 응석과 주장을 액면 그대로 받아들여서는 절대 안 됩니다. 성적을 올리기 위한 '미끼'로 사용하는 것도 금물입니다.

휴대폰 중독은 더 이상 남의 이야기가 아닙니다. 지금 이 순간에도 우리 아이들은 곁에 휴대폰이 없으면 불안해서 견딜 수가 없어 합니다. 문자메시지, 모바일 게임, 성인사이트 접속 등에 무방비로 노출돼 있는 우리 아이들에게 과연 휴대폰을 사주어야 할까요? 친구 사이에 따돌림을 당할까봐, 비상 연락용으로 휴대폰을 사주려 했던 부모님들의 고민을 들여다봅시다.

디지털 세대 부모의 고민들 2

아이의 공부와 생활 모두 망치는 휴대폰

초등학교 6학년 철수는 비교적 이른 나이인 3학년 때부터 휴대폰을 사용하기 시작했습니다. 수학 학원에서 늦게 올 때마다 '혹시 사고가 난 게 아닌가' 걱정을 하던 엄마가 비상용으로 사준 것입니다. 당시만 해도 같은 반에 휴대폰을 가진 아이는 두세 명에 불과했습니다. 지금은 휴대폰을 갖고 있는 친구들이 한 반에 절반 이상 될 만큼 많이 보급돼 희소가치가 떨어졌지만, 당시에는 급우들의 부러움을 한몸에 받았습니다.

그런데 이제 철수에게 휴대폰은 '비상 연락용'이 아니라 친구들에게 문자를 보내고 게임을 하거나 드라마를 시청하는 '오락 도구'로 변질되었습니다. 지금은 수업 시간에도 친구에게 문자가 오지 않았는지 수시로 확인해 보지 않으면 불

안감을 느낄 정도입니다. 아침에 일어나면 무조건 휴대폰 메시지부터 확인하고 잠자리에 들 때도 항상 머리맡에 놓아둡니다.

서울 강남 A중학교 1학년 경선이의 별명은 '엄지여왕'입니다. 경선이는 약간의 틈만 생겨도 손에 쥐고 있던 휴대폰으로 쉬지 않고 문자를 보냅니다. 수업 시간에 선생님 몰래 문자를 보내는 것은 기본이고, 밥을 먹을 때나 친구와 함께 길을 걸을 때, 대중교통을 이용할 때도 어김없이 휴대폰으로 문자를 날립니다.

눈과 귀는 선생님이 열심히 설명하는 칠판을 향하고 있지만, 책상 밑으론 부지런히 자판을 두드립니다. 심지어 집에서도 걸려온 유선전화를 받으면서 한쪽 손으론 문자를 보낼 정도입니다. 추석이나 설 명절 때도 친구들에게 계속 문자를 보내야 직성이 풀립니다. 딱히 용건이 있어서 문자를 보내는 것은 아닙니다. 그냥 습관일 뿐입니다. 휴대폰이 손 안에 있으니 무언가를 해야 할 것 같아 습관적으로 손가락을 움직이는 것입니다.

경선이는 초등학교 때 공부를 썩 잘해 학교장 상까지 받았지만, 중학교에 들어간 이후 성적이 뚝 떨어졌습니다. 단단히 화가 난 엄마가 "성적이 오르면 돌려주겠다"며 휴대폰을 압수한 이후 심한 우울증에 빠져 성적이 더 떨어졌습니다. 덜

컥 겁이 난 엄마가 경선이의 손을 잡고 근처 소아정신과를 찾았더니, 의사는 휴대폰 중독이 심각한 수준이라며 상담치료를 받아볼 것을 권했습니다.

'휴대폰 중독'이란, 휴대폰이 곁에 없으면 불안하고 항상 휴대폰을 만지작거리며 문자메시지를 보내거나 통화를 해야만 마음이 편해질 만큼 몰입 정도가 심한 경우를 말합니다. 경선이의 사례가 좀 심한 편이긴 하지만, 우리나라 10대 청소년들의 휴대폰 중독은 이미 우려할 만한 수준에 도달했다는 게 전문가들의 진단입니다. 휴대폰을 신체의 일부처럼 여기며 늘 몸에 지니고 다니다 보니 깜빡 잊고 휴대폰을 가지고 나오지 않은 경우엔 안절부절못하는 경우가 많습니다. 실제 소비자 리서치업체 〈마케팅인사이트〉가 2005년 3월 휴대폰 이용자 10만 명을 대상으로 휴대폰 이용행태를 조사한 결과, 휴대폰 이용자 4명 중 1명꼴로 휴대폰이 안 되면 불안을 느끼고 휴대폰을 수시로 확인하며, 수업을 듣거나 영화·연극 등을 관람할 때도 끄지 못하는 심각한 중독 성향을 갖고 있는 것으로 조사됐습니다.

특히 중독 성향자가 많은 집단은 10대 여학생(36.8%)입니다. 다른 조사에서도 집에 있을 때 식구들과 공유하는 유선전화 대신 휴대폰을 습관적으로 사용하는 청소년이 47.4%에 달했고, 외출할 때 휴대폰을 갖고 나오지 않으면 불안하다는 경우가 75%나 됐습니다. '특별히 문자나 전화가 오지 않아도 휴대폰을 계속 꺼내

본다'는 학생이 10명 중 4명, '목욕을 할 때도 휴대폰을 옆에 둬야 한다'는 학생이 5명 중 1명꼴이었습니다.

　서울 S중학교 박수봉 선생님은 "휴대폰을 깜빡 잊고서 집에 놓고 온 학생들은 마음이 불안한 탓인지 수업에 집중을 못합니다. 오히려 친구들과 장난을 치며 수업 분위기만 망치는 경우가 많지요. 등교 중에 휴대폰을 안 가져온 사실을 알게 되면 지각을 하더라도 다시 집에 가서 가져오기도 합니다. 휴대폰을 집에 놓고 온 뒤 몸이 아프다는 등 별의별 핑계를 대며 조퇴하는 학생도 가끔 있고요"라고 휴대폰 중독의 실상을 전했습니다.

손 안의 움직이는 포르노 채널

 서울 M중학교 1학년 김 모 군은 지난겨울 음란물 이용 사실을 알게 된 아빠에게 휴대폰을 빼앗겼습니다. 휴대폰 사용료가 70만 원 이상 나와 요금 내역을 알아봤더니 김 군이 무선 인터넷으로 연예인 누드 사진과 음란 동영상을 수시로 다운받은 사실이 드러난 것입니다.

　김 군은 "다시는 음란물을 이용하지 않을 테니 용서해 달라"고 빌었지만, 아빠의 태도는 단호했습니다. 외아들인 김 군은 크게 절망해 가출을 시도했습니다. 친구 집에서 머물다 이틀 만에 아빠에게 붙잡혀 돌아왔지만, 예전의 다정했던 아빠와의 관계가 회복되려면 얼마나 많은 시간이 걸릴지 모릅니다.

청소년위원회가 2005년 10월 '19세 미만 구독 불가'라는 경고 문구를 붙여 국회에 제출한 '휴대폰 콘텐츠 모니터링 보고서'를 보면 쩍 벌어진 입이 다물어지지 않을 정도입니다. 어떻게 대명천지에 이렇게 잔혹하고 엽기적인 게임과 음란물이 휴대폰으로 서비스되고 있단 말입니까? 도저히 믿을 수가 없지만 엄연한 사실입니다.

모니터링 중에 만난 한 학생은 "부모님이 내가 휴대폰으로 보는 성인물을 실제로 보면 아마 기절할 것"이라고 말했고, 국회의원들도 "이럴 수가 있나, 도저히 믿을 수 없다"는 반응을 보였다고 합니다. 실제 휴대폰을 열면 언제 어디서나 선정적이고 자극적인 제목에, 적나라한 성행위를 묘사한 사진과 동영상을 쉽게 만날 수 있습니다. 인터넷에서 접할 수 있는 음란 콘텐츠가 고스란히 모바일로 옮겨왔다고 보면 됩니다.

주요 이동통신사들은 포르노에 가까운 사진과 동영상을 '몰래보는 ××현장', '홀딱 ×× 트레이닝', '레이싱걸 X파일' 등 민망한 제목을 붙여 유료 서비스하고 있습니다. 원칙적으로 19세 이상 성인 가입자만 이용할 수 있지만, 부모 명의로 개설된 경우가 많아 '눈 가리고 아웅' 하는 식이라는 게 전문가들의 분석입니다.

소비자보호원 조사 결과 청소년 보유 휴대폰의 37.7%는 부모 명의로 개설돼 있습니다. 청소년들이 사실상 별다른 제약 없이 각종 폭력성 게임과 음란 동영상을 이용할 수 있다는 말입니다. 심지어 연령 제한이 없는 콘텐츠에까지 '망사 관능 미녀', '상큼 노출 레이싱' 등 자극적인 제목을 붙여 청소년들을 유혹하고 있는 게 현실입니다.

서울중앙지검이 2005년 6월 모바일 음란물에 대해 일제 단속을 벌인 결과, 모 이동통신사의 성인 콘텐츠 매출만 연간 400억 원에 이를 정도로 시장 규모가 엄청났습니다. 가입자 정체로 새로운 수익 돌파구를 찾으려는 이동통신사들이 황금알을 낳는 거위로 떠오른 성인 콘텐츠 확보에 적극 나서고 있다는 게 수사기관의 분석입니다. 국내 휴대폰 가입자가 포화상태에 이르면서 음성통화 수익이 정체를 보이자 음란 콘텐츠를 새로운 수익원으로 활용하고 있는 것입니다. 이동통신 3사는 2004년 한 해에만 성인 콘텐츠로 595억 원의 매출을 올렸다고 합니다. 하지만 이는 단순히 정보 이용료만 계산한 것일 뿐, 데이터 통화료를 합치면 그 매출은 2,000억 원을 훨씬 웃도는 것으로 추정됩니다.

더욱 심각한 문제는 휴대폰이 개인적으로 '자유롭게', 다른 사람의 방해를 받지 않고 '은밀하게' 이용할 수 있는 디지털기기라는 점입니다. 고정된 공간에 배치돼 있는 텔레비전이나 컴퓨터는 학부모들이 눈에 불을 켜고 감시를 하지만, 손 안에 들어가는 휴대폰은 수시로 장소를 옮겨가며 사용할 수 있기 때문에 감시 자체가 불가능합니다. 놀이터 등 바깥에 나가 얼마든지 음란 콘텐츠를 접속할 수 있고, 자기 방에서 몰래 음란물을 보다

가도 휴대폰을 닫아버리면 어떤 콘텐츠를 봤는지 확인하기도 쉽지 않습니다.

여기에다 성인용 스팸전화도 한몫 거들고 있습니다. 2005년 4월부터 수신자의 사전 동의 없이 영리 목적의 광고나 성인용 광고의 전송을 금지한 '옵트인opt-in제도'가 시행되고 있지만, 밤낮없이 울려대는 정체 모를 휴대폰 스팸 광고는 여전히 기승입니다.

방법도 갈수록 교묘해지고 있습니다. '060' 전화는 대부분 광고라는 인식이 퍼지자 서울지역번호와 일반 전화번호로 위장한 새로운 형태의 변종 스팸 전화가 극성을 부리는가 하면, 벨이 한두 차례 울린 뒤 바로 끊기도록 해 수신자의 통화를 유도하기도 합니다.

이같은 휴대폰의 이동성과 유해 콘텐츠의 범람은 우리 아이들을 포르노의 노예로 만들고 있습니다. 실제〈한국정보문화진흥원〉이 2005년 7월 휴대폰을 갖고 있는 수도권 지역 중·고생 1,088명을 설문 조사한 결과, 10명 중 1명꼴로 성性 비행에 노출된 것으로 나타났습니다. 포르노 사이트에 접속(16.3%)하거나 심야시간에 번개팅(즉석 미팅, 14.9%)을 해본 학생이 6명 중 1명꼴이었습니다.

번개팅을 통해 만난 이성과 성적 행동(키스, 애무, 성관계 등)을 해본 경험은 11.1%, 휴대폰을 이용해 원조교제를 한 비율이 10.4%, 휴대폰으로 성인용품을 구입해 본 학생이 10.2%, 휴대폰으로 음란물을 웹에 올린 경험도 10.8%나 됐습니다.

휴대폰으로 언제 어디서나 음란 동영상을 감상할 수 있게 된

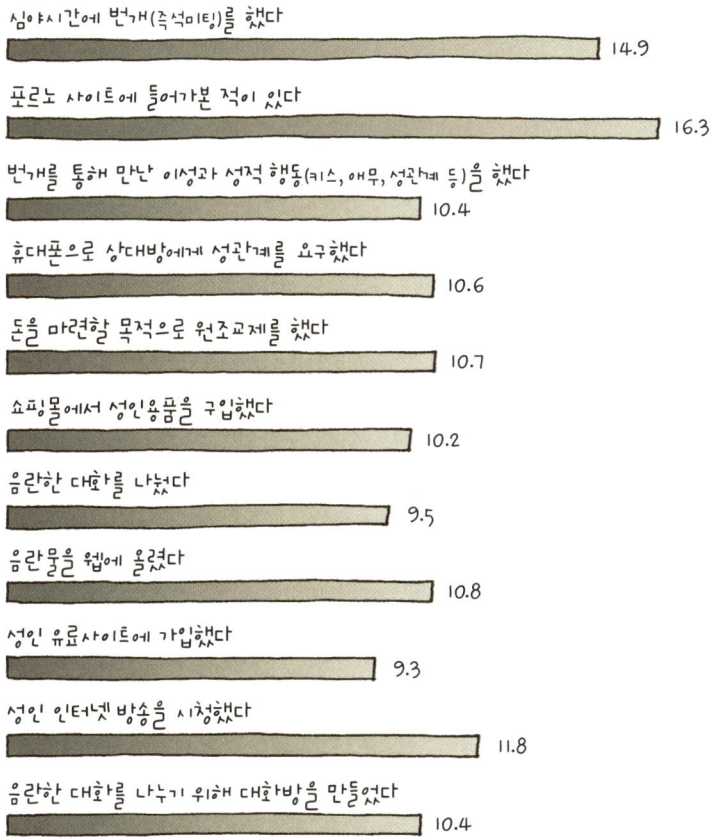

휴대폰을 통한 성비행 (단위:%)

- 심야시간에 번개(즉석미팅)를 했다 14.9
- 포르노 사이트에 들어가본 적이 있다 16.3
- 번개를 통해 만난 이성과 성적 행동(키스, 애무, 성관계 등)을 했다 10.4
- 휴대폰으로 상대방에게 성관계를 요구했다 10.6
- 돈을 마련할 목적으로 원조교제를 했다 10.7
- 쇼핑몰에서 성인용품을 구입했다 10.2
- 음란한 대화를 나눴다 9.5
- 음란물을 웹에 올렸다 10.8
- 성인 유료사이트에 가입했다 9.3
- 성인 인터넷 방송을 시청했다 11.8
- 음란한 대화를 나누기 위해 대화방을 만들었다 10.4

2005년 7월 수도권 지역 중·고생 1,088명 조사 결과, 복수응답
(자료 : 한국정보문화진흥원)

데는 고화질 단말기의 공급 확대가 큰 영향을 미쳤습니다. 고화소 휴대폰 개발과 초고속 무선인터넷의 보편화는 음란물이 걷잡을 수 없이 확산되는 발판이 되고 있습니다. 아직 정신적으로나 육체적으로 덜 성숙된 청소년들은 음란물에 쉽게 중독되는 경향을 보입니다. 인격 형성기에 성에 관한 왜곡된 이미지를 갖게 되면 학습장애, 사회부적응이나 성범죄 등 각종 비행과 일탈로 이어지기 마련입니다.

지금은 부모 등 성인 명의로 휴대폰에 가입한 경우, 부모의 주민등록번호만 알면 성인인증절차를 거쳐 각종 성인물과 음란물을 손쉽게 접할 수 있습니다. 청소년위원회의 모니터링 결과, A이동통신사는 주민번호와 비밀번호 입력만으로 쉽게 성인물에 접근할 수 있었고, B이동통신사는 인증절차가 생략된 경우가 많았으며, C이동통신사의 경우 아예 인증 자체가 없었습니다.

휴대폰을 이용한 성 비행을 막으려면 학부모와 선생님들이 휴대폰의 실체를 제대로 알고 대처하는 게 무엇보다 중요합니다. 디지털기기에 익숙하지 않은 기성세대가 휴대폰을 '걸고 받기' 용도로만 사용하다 보니 '음란 콘텐츠의 백화점'이라는 사실을 제대로 모르는 경우가 많습니다. 10대 청소년들이 어떤 경우에도 성인물에 접근할 수 없도록 철저한 인증절차를 마련하는 것도 필요합니다. 반드시 본인 명의로 휴대폰에 가입하도록 의무화하고, 휴대폰의 각종 성인 콘텐츠에 대한 공인인증제를 도입할 필요가 있습니다.

Tip

휴대폰 스팸 공해

하루에도 몇 번씩 걸려오는 '060' 전화를 받고 짜증을 내보지 않은 사람은 드물 것입니다. 한국정보보호진흥원 불법스팸 대응센터(www.spamcop.or.kr_지역번호 없이 1336)에 접수되는 불법스팸 민원 신고 건수는 매달 3만여 건에 달합니다. 그런데 외견상 비슷비슷해 보이는 이런 유형의 번호들도 자세히 보면 용도가 조금씩 차이가 납니다.

'060' 번호 : 정보제공자가 음성정보장치를 설치, 이용자에게 녹음한 음성 등을 들려주는 서비스에 부여됩니다. 녹음된 음성을 전달하는 서비스인 만큼, 일반 제품이나 대출상품, 성인광고 음성 등을 제공하려는 업체들이 많이 사용합니다. 소비자들에겐 엄청난 스트레스를 주는 스팸번호로 인식됐지만, 일부 정보전달 목적으로 사용되기도 합니다.

'030' 번호 : 음성메일이나 팩스메일, 이메일 등 다양한 매체에 의한 메시지를 상호 연동, 하나의 매체를 통해 통합적으로 제공하는 서비스에 부여됩니다. 예컨대 음성메일을 전화로 전달하는 등의 서비스에 부여되기 때문에 성인광고를 포함한 광고 음성을 소비자의 휴대폰에 전달하는 스팸에 사용될 가능성이 큽니다.

'050' 번호 : 전화, 팩스, 이동전화 등 다양한 통신 수단을 하나의 번호로 통합해 사용할 수 있도록 하는 서비스에 부여됩니다. 즉, 하나의 번호에 어떤 통신 수단의 번호도 연결시킬 수 있기 때문에 '050'으로 시작하는 번호 하나만 알면 사무실이나 휴대폰 번호가 바뀌어도 연락이 가능합니다. 사무실이나 휴대폰 번호가 자주 바뀌는 사람이 많이 이용합니다. 일종의 가상번호인 '050'은 필요한 사람에게는 매우 편리하지만, 가끔 이를 악용해 '050' 번호만 알려준 뒤 사기 행각을 벌이는 경우도 생기므로 주의해야 합니다.

'080' 번호 : 일명 '클로버 서비스'로 불립니다. 소비자가 아닌 서비스 제공업체가 통화비를 부담할 때 쓰입니다. 금융, 운수, 관광안내 등 서비스 제공기관이 주문, 예약, 상담 등의 전화요금을 고객 대신 지불할 경우 부여됩니다. 사용자의 통신비를 업체가 대신 부담, 사용자의 서비스 이용을 활성화하기 위한 목적으로 사용되는 것입니다. 예를 들면 동네 음식점이나 피자집들이 배달 주문 번호를 '080'으로 정해 소비자의 주문을 유도하기도 합니다.

'010' 번호 : 011, 016, 019 등 각 이동통신사별로 달랐던 식별

번호를 통합하는 번호로, 현재 이동전화 가입자의 30% 이상이 '010'을 사용하고 있습니다.

'070' 번호 : 최근 등장한 인터넷전화의 식별번호입니다. 걸기만 하고 받을 수 없었던 인터넷전화에 생명력을 불어넣는 번호인 셈입니다. 인터넷전화를 신청하면 기존 집 전화번호가 '070'으로 시작하는 11자리 숫자로 바뀝니다.

컴퓨터 게임보다 심각한 휴대폰 모바일 게임

 초등학교 4학년 정수는 지난 여름방학에 '로또' 게임을 하다 엄마에게 들켜 혼이 났습니다. 무려 57만 원이 적힌 요금계산서를 보고 경악한 엄마는 정수를 닦달한 끝에 무선인터넷을 이용해 로또 게임을 즐겼다는 실토를 받아냈습니다. 1등 상품으로 내걸린 최신형 MP3를 받고 싶은 욕심에 2~3일간 정신없이 게임을 했더니 이렇게 많은 요금이 나온 것입니다. 정수는 "앞으로 다시는 로또 게임을 하지 않겠다"고 엄마에게 싹싹 빌고 무선인터넷 기능을 삭제한 뒤에야 휴대폰을 다시 돌려받을 수 있었습니다.

 초등학교 5학년 민수는 게임 마니아입니다. 더 정확히 말하면 휴대폰으로 다운받는 역할수행 게임(롤 플레잉 게임, RPG)

을 무척 즐기는 편입니다. 아니 '즐긴다'라는 표현은 조금 어폐가 있을지도 모르겠습니다. 학교 수업만 마치면 장소에 구애받지 않고 종일 RPG에 빠져들어 아빠가 휴대폰을 베란다 바깥으로 집어 던져 깨뜨려버린 적도 있기 때문이죠. 엄마 아빠가 맞벌이를 하는 탓에 외할머니가 자신과 두 살 밑 동생을 돌보고 있지만, "숙제 먼저 해놓고 놀아라"는 할머니 말씀이 귀에 들어오지 않습니다. 집에서는 물론 학원에 가거나 방과 후 학교 운동장에서 친구들과 어울릴 때도 대개 RPG 시합을 하며 놉니다.

"집에도 게임을 할 수 있는 컴퓨터와 비디오 게임기가 있지만, 언제 어디서나 게임을 즐길 수 있는 모바일 게임이 제일 재미있어요. 처음엔 방과 후나 쉬는 시간에만 게임을 했지만, 요즘엔 수업 중에도 게임을 하고 싶어 참을 수가 없어요."

민수가 지금까지 내려받은 게임은 100개를 넘습니다. 이 중 상당수가 초등학생이 이용하기엔 지나치게 폭력적이고 선정적입니다. 자주 하는 게임 가운데 '김두한의 야인지왕'이라는 모바일 게임을 볼까요. 하야시가 일본도로 김두한의 얼굴을 긋자 선혈이 낭자합니다. 칼로 복부를 찌르기도 합니다. 잔인한 폭력과 출혈 장면이 수시로 묘사됩니다. 조직폭력배에게 납치당한 애인을 구한다는 스토리로 이뤄진 '열혈파이터'도 민수가 즐겨 하는 RPG 게임 중 하나입니다. '사시미' '쌍칼' 등의 조직용어나 은어, 비어들이 스스럼없이 튀어나옵니다. 보통 한 게임을 다운받는데 1,500원에서 2,000원의 게임료가 들고 통화료는 별도 부과되기 때문에 이용요금도 만만치 않습니다.

소비자 조사기관 〈마케팅인사이트〉의 조사를 보면 10대 가입자 중 매일 모바일 게임을 즐기는 비율이 15%나 됩니다. 모바일 게임은 종종 학교에서 사제 간 갈등의 원인이 되기도 합니다. 집에 있을 때나 쉬는 시간에 즐기던 게임을 수업 시간에도 참지 못하고 몰래 하는 학생이 많기 때문입니다. 휴대폰을 압수하려는 선생님에게 격렬히 저항하다 징계를 당하는 경우도 생깁니다. 휴대폰 중독 증상은 학년이 올라갈수록 정도가 심해지는 게 보통입니다.

점심 시간에 초·중·고 교실을 가보면 휴대폰 배터리를 충전하려는 학생들로 북새통인 경우가 많습니다. 휴대폰을 음성통화 위주로 사용하는 어른들은 배터리를 2~3일 정도 쓸 수 있지만, 사진과 동영상 등 다양한 서비스를 이용하는 10대들은 배터리가 한나절을 넘기지 못하는 경우가 허다합니다. 서울 N초등학교 이모 선생님은 "점심 시간이면 휴대폰을 충전하려는 아이들 때문에 교실 안은 물론 복도에 있는 콘센트까지 빈 곳을 찾기가 어렵다"고 실태를 전했습니다.

모바일 게임의 가장 큰 문제는 엄마 아빠가 자녀의 게임 중독 여부를 알아차리기가 쉽지 않다는 점입니다. 자녀가 집에서 컴퓨터 게임에 매달려 있으면 금방 눈에 띄지만, 학원이나 독서실 등에서 휴대폰으로 게임을 즐기는 데야 도저히 알 도리가 없는 것이죠. 초등학교 고학년이나 중·고생의 경우 부모 눈에 띄지 않도록 주의하면서 휴대폰을 이용할 수 있는 나이이기 때문에 더욱 게임 중독 여부를 알아차리기가 어렵습니다.

또 하나의 문제는 모바일 게임의 중독 기준이 모호하다는 점입니다. 모바일 게임 중독은 컴퓨터 중독 못지않게 아이들에게 미치는 정신적 육체적 폐해가 심한데도, 휴대폰이 누구나 자유롭게 갖고 다니는 생활필수품처럼 인식되다 보니 적극적으로 중독 기준을 마련하기가 쉽지 않습니다. 모바일 게임에 대한 등급 분류나 심의 및 사후 관리도 제대로 이뤄지지 않고 있습니다. 청소년위원회의 '모바일 게임 모니터링 보고서'(2004년 4월)에 따르면 이동통신사에 제공된 모바일 게임 150개 중 등급 분류를 받지 않은 게임이 전체의 47.3%(71개)나 됩니다. 이렇게 관리가 허술하다 보니 10대 청소년들 사이에 고스톱, 포커, 마작 등 중독성이 강한 도박 게임이 성행하고 사이버머니 등을 둘러싼 탈법 행위도 끊이지 않고 있습니다.

아이를 유혹하는 교묘한 상술

"청소년들은 시장의 중요한 소비자 혹은 마케팅의 대상이 되고 있습니다. 문화유통 과정에 있어 청소년의 적극적인 역할은 놀라울 정도입니다. 인류 전역사에 있어 지금처럼 청소년 세대가 문화유통에서 비교우위를 보인 적은 없었습니다. 어떤 청소년들은 동일한 디지털 문화 속에서도 스스로의 독창적인 정체성을 생산하고, 이를 통해 기성세대와의 구별 짓기를 시도합니다. 예컨대 정보통신기기에 능숙한 청소년들이 웹진 편집장, 웹PD, 프로게이머, 게임 평론가 등으로 등장하고 있는 게 현실입니다."

(〈한국정보사회학회〉 '청소년의 휴대폰 활용 실태 및 사회학적 의미 고찰' 보고서 중에서)

미국과 유럽 등 선진국에서 휴대폰을 들고 다니는 청소년들을 만나기란 쉽지 않습니다. 휴대폰을 처음 사는 시기는 대학 입학 이후가 압도적으로 많다고 합니다. 당연히 10대 대상의 마케팅도 별로 눈에 띄지 않습니다. 그런데 우리나라는 어떻습니까?

입학 시즌과 신학기만 되면 10대를 유인하려는 이동통신사의 마케팅이 기승을 부립니다. 어린이들의 휴대폰 소지를 문제 삼지 않는 사회 분위기 탓입니다. 실제 휴대폰은 입학 시즌과 신학기 선물로 최고의 인기를 끌고 있습니다. 특히 2004년 1월부터 '번호이동제도'가 시행되면서 유행에 민감한 청소년들을 붙잡기 위한 이동통신사 간 경쟁은 그 어느 때보다 치열합니다. 이동통신 업체들은 10대 가입자를 늘리기 위해 이들이 선호하는 이벤트와 새로운 요금제를 하루가 멀다 하고 선보이고 있습니다. 학교 도서관을 수리해 주거나 책상, 책장 등의 경품을 제공하는 학습형 이벤트는 애교로 봐줄 수도 있겠지만, 해외여행, 장학금, 게임기나 카메라폰 등 고가의 경품 제공도 마다하지 않는 현실은 도가 지나치다는 느낌입니다.

연말연시나 신학기에 용산전자상가, 테크노마트 등의 휴대폰 전문매장을 찾으면 '수험생 90% 할인' '휴대폰 1만 원' '보조금 40% 선지급' 등 10대 청소년들을 유혹하는 광고물이 가득합니다. 이동통신사들의 '실탄(현금)' 지원을 토대로 단말기를 헐값에 파는 불법 마케팅이 성행하고 있는 것입니다. 그러나 단말기를 싸게 준다고 무조건 좋아할 일은 아닙니다. 무선인터넷 의무 가입,

일정액 이상의 요금제 가입 등 조건이 줄줄이 따라붙는 경우가 일반적이어서, 결국 배보다 배꼽이 더 큰 우를 범하기 마련이죠.

어린이들이 가장 갖고 싶어하는 선물은 단연 '휴대폰'입니다. 어린이 포털사이트 〈주니버〉의 2005년 5월 설문조사에 따르면, 어린이날 최고의 선물로 남자 어린이는 '애완동물'을, 여자 어린이는 '휴대폰'을 꼽았습니다. 또 알리안츠 생명이 서울시 초등학교 어린이회장 302명에게 받고 싶은 어린이날 선물을 물어본 결과, 휴대폰이 32%로 가장 많았고, 이어 애완동물(13.6%), 현금(11.6%) 등의 순이었습니다.

어린이와 10대 청소년은 시장규모 정체로 고민 중인 휴대폰 제조업체에게도 결코 놓칠 수 있는 블루오션입니다. 이들 업체는 하루가 멀다 하고 학생층에 적합한 디자인과 기능을 채택한 어린이 및 10대 전용 휴대폰을 내놓고 있습니다.

모 휴대폰 제조업체가 최근 선보인 어린이 전용 휴대폰은 학습에 도움을 준다는 부가서비스 기능을 탑재했고, 학부모가 자녀의 위치를 쉽게 찾을 수 있도록 위성위치 확인시스템GPS을 장착한 것이 특징입니다. 새 소비자층으로 떠오른 10대 초반 어린이와 학부모들의 구매욕을 모두 충족하기 위한 의도에서 개발했다는 게 회사 측의 설명입니다.

또 다른 업체는 자신을 예쁘게 표현하려는 10대들의 욕구를 감안해 카메라 위치를 폴더 끝 부분에 설치한 '얼짱폰'을 출시했습니다. 렌즈가 시선 위 이마 부분에 맞춰지도록 해 눈매가 부드럽고 코가 반듯하고 예쁘게 보이며 턱 선이 가늘게 나타나는 효과가 있다고 합니다.

선진국에서도 일부 어린이들을 겨냥한 휴대폰을 만들고는 있지만, 당사자인 어린이나 학부모 등 소비자에 대한 배려가 우리보다 훨씬 세심한 편입니다. 지난해 시드니『모닝헤럴드』지는 호주 최대의 통신회사인 텔스트라가 8~12세 어린이들을 겨냥한 휴대폰을 출시할 계획이라고 보도했습니다. 이 휴대폰은 긴급구조전화와 부모들이 사전에 입력한 번호만 사용할 수 있다고 합니다. 부모들은 이 전화로 걸 수 있는 번호를 22개까지 제한할 수 있으며, 걸려오는 전화도 제한하는 것이 가능합니다.

텔스트라의 어린이 휴대폰 마케팅담당 책임자 프레드 불록은 어린이용 휴대폰을 출시한 배경에 대해 "부모들은 대부분 어린 자녀들에게 어른들이 사용하는 휴대폰을 주는 건 너무 이르고 비싸다는 생각을 하고 있다"고 설명했습니다.

휴대폰을 활용한 10대 마케팅도 갈수록 극성입니다. 모 다국적 생활용품업체가 1999년 9월 국내 최초로 휴대폰을 가진 N세대 대상의 '음성메시지 마케팅'을 시작한 이후, 휴대폰을 이용해 10대 소비자들과의 접촉 기회를 늘리려는 마케팅이 보편화했습니다. 10대가 기발한 발상에 민감한 소비자층임을 감안, 휴대폰이라는 친근하고 개인적인 매체를 통해 문자 및 음성메시지를 전달하는 방식을 선호한다는 게 기업 마케팅 관계자들의 변입니다. 모 이동통신사가 1억 원의 경품을 내걸고 해마다 개최하는 모바일게임 대회에는 무려 100만 명에 가까운 게임 마니아들이 몰려듭니다. 이 회사는 특히 10대 학생들을 끌어들이기 위해 학교 간 게임 대항전도 벌여 휴대폰 과소비를 유도하고 있다는 비난을 받고 있습니다.

국내 한 이동통신업체는 2005년 10월 한글날을 맞아 문자메시지를 이용해 한글 사랑을 뽐내는 '휴대전화 쪽글 자랑 한마당' 행사를 열었습니다. 참가자들은 전국 어디서나 휴대폰으로 '친구에게 보내는 가을편지'를 주제로 한글로 작성된 40자 이내의 메시지를 보내는 방식으로 참여했습니다. 정체 불명의 단어 함축과 변형으로 한글 파괴 현상이 확산되는 현실 속에서 한글 사랑을 실천하기 위한 목적이라는 설명이었지만, 평소 한글 파괴의 주범이랄 수 있는 이동통신 업체들의 '병 주고 약주는' 식의 장삿속에 불과하다는 비난 여론도 무성했습니다.

10대 대상 마케팅에 대한 교육 전문가들의 반응은 냉랭합니다. 일부 학습 보조서비스를 가미했다고는 하지만, 유해 콘텐츠의 바다에 샘물을 한 바가지 끼얹은 격이기 때문이죠. 진정으로 아이들의 정서 함양과 교육적 측면을 고려한다면, 어린이 대상의 마케팅을 포기하고 '휴대폰 덜 쓰기 운동'을 벌여야 한다는 게 교육 및 시민단체들의 한결같은 지적입니다.

실제 정부의 정보통신 진흥정책에 힘입어 천문학적인 수익을 얻고 있는 휴대폰 제조 및 이동통신 업체들의 경영 성적표를 보면 이들이 지금까지 이윤 추구에만 급급했을 뿐, 사회적 책임에는 얼마나 둔감했는지가 여실히 드러납니다.

국내 이동통신 업체들은 2005년 한 해 동안 17조 5,000억 원의 매출과 3조 원의 영업이익을 거뒀습니다. 이들이 소비자들을 계속 붙잡아두기 위해 쏟아부은 마케팅 비용은 전체 매출의 19.5%에 이르는 3조 4,000억 원이나 됩니다. 국민 1인당 약 75,000원의 돈을 뿌린 셈입니다. 그러나 아이들의 휴대폰 중독을 고민하고 예방하기 위해 쓴 돈은 '0'에 불과했습니다.

이동통신사들이 텔레비전 광고와 편법 휴대폰 보조금 등으로 지출하는 마케팅 비용은 소비자들을 휴대폰 서비스에 더욱 의존하게 만드는 결과를 초래합니다. 모 이동통신사의 경우 2005년부터 마우스 대신 휴대폰을 쥐고 흔든다든가 손목시계를 차고도 휴대폰 시계를 흘끔거리는 현대인의 생활상을 희화화한 광고를 내보내고 있습니다.

이제 학부모와 교육 당국이 적극 나서서 대기업과 싸워야 합니다. 아이들의 휴대폰 중독이 더 이상 방치하기 어려운 지경에 이르렀기 때문입니다. 국민의 재산인 전파를 독점해 막대한 이익을 얻는 만큼, 이에 따른 폐해를 예방하고 줄이는 데도 투자를 하도록 기업들에 요구해야 합니다. 실제 선진국 업체들은 나름의 사회적 책임을 다하려고 애쓰고 있습니다.

세계 최대의 휴대폰 제조업체 노키아는 휴대폰 사용의 생활습관과 정신에 미치는 악영향을 연구하는 기관들을 후원하고 있고, 마이크로소프트는 컴퓨터를 이용하는 사무직 근로자들의 건강을 위해 여러 의학 연구기금에 출자하고 있다고 합니다. 다행히 최근 우리나라에서도 나름의 자구책을 마련하기 위한 노력들이 시도되고 있습니다.

얼마 전 이동통신 3사는 요즘 사회 문제로 떠오른 야한 소설(야설) 서비스를 중단하기로 결정했습니다. 또한 미성년자가 사용하는 무선인터넷 서비스를 부모의 요청에 따라 차단해 주고, 미성년 이용자의 인터넷 이용 금액을 부모에게 주기적으로 통보해 주기로 했습니다. 듣던 중 반가운 소식이 아닐 수 없습니다. 정보통신부와 이동통신 3사, 시민단체 대표들은 간담회를 개최, 휴대폰 성인물로부터 청소년들을 보호하기 위해 공동대응하기로 했습니다. 정보통신부 이상학 정보문화팀장은 "콘텐츠 제공업체와 이동통신사 간의 3개월 단위 계약 서비스가 더 이상 없을 것"이라고 밝혔습니다. 이동통신 업체들은 미성년자 고객이 사용한 요금이 일정 수준을 넘어섰을 때 부모에게 문자메시지로 통보해 주고, 부모가 원할 경우 미성년자의 무선 인터넷 서비스 사용을 차단해 주겠다고 밝혔습니다.

이처럼 기업들이 현대인을 휴대폰의 노예로 만들기 위해 마케팅 비용을 펑펑 낭비하는 대신, 휴대폰 중독을 예방하는 노력에 앞장서도록 목소리를 높여야 할 때입니다.

Tip

휴대폰 예찬 마케팅의 함정

 작년 크리스마스 때 가족과 함께 서울 세종문화회관에서 발레 공연 '호두까기 인형'을 봤습니다. 공연이 끝나고 나오는데 구세군 자선냄비가 눈에 띄더군요. 아들을 시켜 모금함에 성금을 냈더니 SK텔레콤이 펴낸 책을 한 권 나눠줬습니다. 집에 와서 펼쳐보니 '고객이 만든 현대생활백서2'라는 제목이었습니다. 2005년 7월 '생활의 중심' 캠페인을 위해 발간했던 '현대생활백서' 두 번째 버전으로, 고객이 이벤트에 응모한 사연 중 190개를 간추려놓은 것이었습니다. 인터넷으로 뉴스를 검색해 보니 서울·수도권 및 5대 광역시의 구세군 자선냄비 모금함에 성금을 내는 시민들에게 무료로 나눠준다고 했습니다.

　내용은 휴대폰을 중심으로 사람들의 일상이 펼쳐지며, 휴대폰을 가진 개인이 세상의 중심이 될 수 있다는 휴대폰 긍정론 일색

이었습니다. 휴대폰이 초래하는 부정적인 측면들은 무시한 채, 소비자들의 구매 욕구를 자극하는 감성적인 문구의 글들로 가득했습니다.

기러기 아빠 : 휴대폰으로 세계시간을 확인한 후 자녀들이 자는 시간, 공부하는 시간을 피해 전화를 건다.

돋보기 대용 : 할머니, 할아버지들이 돋보기가 없을 때 휴대폰 카메라의 zoom in, zoom out 기능을 이용, 글자 크기를 알맞게 조절하여 글을 읽는 것.

마지막 인사 : 친구들에게 '안녕'이라고 말하고 나서도 방심은 금물. 돌아서자마자 친구들에게 문자메시지를 보내야만 진짜로 헤어진 게 되는 것이다.

받아쓰기 : 용돈이 궁할 때면 어머니께 문자메시지 작성법을 가르쳐드린다. 어머니가 재미를 붙이셨다 싶으면 다음의 예문을 불러드리고, 맞춤법이 틀릴 때마다 1,000원씩 벌금을 물린다.

옹알이 효도 : 손자, 손녀를 보고 싶어하시는 부모님께 틈날 때마다 전화를 걸어서 옹알이 하는 목소리를 들려드린다. 대부분 알아듣지도 못하는 말을 옹알거려도 부모님은 "에구, 그랬어? 에구 내 새끼"라며 다 알아 들으신다. 부모님께 효도하기 가장 쉬운 방법이다.

우정 바이러스 : 수업 시간 유난히 진동소리가 크게 울리면 갑자기 교실 여기저기서 콜록거리는 소리가 들려온다. 선생님이 눈

치 채지 못하게 도와주려는 친구들의 센스.

　기업이 이윤을 추구하는 것은 너무도 당연합니다. 자본주의 사회에서 이익을 내지 못하는 기업은 도태될 수밖에 없습니다. 그러나 휴대폰 제조 및 서비스 업체들이 많은 돈을 벌 수 있었던 것은 자신이 속한 사회 구성원들이 서비스와 제품을 사줬기 때문이라는 사실도 간과해선 안 됩니다. 기업이 돈을 벌게 해준 사회를 위해 수익의 일부를 환원하는 것 또한 너무도 당연합니다. 미래의 동량이 될 어린이들의 희생을 토대로 이뤄지는 수익이라면 더욱 그렇습니다. 어린이들을 유혹하는 달콤한 '사탕'을 만드는 데만 돈을 쓰지 말고, 휴대폰의 악영향을 줄이는 공익적 노력에도 신경을 썼으면 좋겠습니다.

두 번 울리는 휴대폰 요금제도

주부 A씨는 지난해 여름 우편으로 날아든 큰딸(중학교 1학년)의 MP3폰 사용내역서를 보고 깜짝 놀랐습니다. 무려 150만 원의 요금이 청구되었기 때문입니다. MP3폰은 인터넷 접속 요금이 초당으로 부과되고 음악당 별도의 사용료를 내야 합니다. 건당 정보이용료도 계산됩니다.

때문에 평소에도 월 10~15만 원 정도의 만만찮은 요금이 나왔지만, 갑자기 10배 이상 급증한 요금이 날아오니 당황할 수밖에 없었던 것입니다. 딸을 추궁했더니 수시로 무선인터넷에 접속해 노래를 다운받았고, 1등 상품으로 내걸린 최신형 노트북을 받고픈 욕심에 2~3일간 집중적으로 도박성 게임을 했다고 고백했습니다.

"무선인터넷으로 좋아하는 노래를 자주 다운받기 때문에

요금이 많이 나오는 편이었지만, 여름방학 한 달 동안 이용한 요금치고는 너무 엄청난 액수여서 한동안 아찔했습니다. 사실 제 불찰도 없지 않아요. 텔레비전을 보지 못하게 했더니 슬며시 자기 방에 들어가 무선인터넷에 접속해 드라마나 스포츠를 보곤 하더군요. 공부에 치여 지내는 모습이 안쓰러워 못 본 척 넘어가곤 했는데, 요금이 이렇게 많이 나올 줄은 꿈에도 생각지 못했어요."

회사원 황 모(41) 씨는 작년 9월 초등학교 5학년인 큰아들에게 휴대폰을 사주었습니다. "같은 반 친구들 중 절반 이상이 휴대폰을 갖고 있고, 휴대폰이 없으면 친구들과 연락이 잘 안 돼 '왕따'를 당한다"는 아들의 집요한 요구 때문이었습니다.

처음엔 '설마' 하며 아이의 요구를 애써 무시했지만, 주말에 놀러 오는 친구들 손에 휴대폰이 들려 있는 모습을 보고는, '왕따'라는 단어가 자꾸 귓가를 맴돌았습니다. 그러다가 생일 선물로 휴대폰을 고집하는 아이에게 못이기는 척 휴대폰을 사주었던 거죠. 휴대폰을 갖기엔 나이가 너무 어린 게 아닌가 하는 걱정도 들었지만, 잘 관리하면 별 문제야 있겠느냐는 생각에 큰맘 먹고 사준 것입니다.

황 씨의 아들은 아직 나이가 어린 탓인지 음성 통화량이 하루 10분 정도에 불과하지만, 친구들과 문자메시지를 나누는 시간은 1시간을 넘습니다. 휴대폰 가입 당시 매달 2,200개의 알을 쓸 수 있는 요금을 선택했습니다. 한 번 통화할 때 10초당 2개의 알이 소요되고 문자메시지는 한 번에 3개의 알이 없어지는 방식입니다.

그런데 이 요금 형태는 불과 한 달을 버티지 못했습니다. 월 2,200개의 알은 아들의 문자메시지 사용량에 턱없이 모자랐기 때문이죠. 할 수 없이 다음 달부터 문자메시지를 무제한 이용할 수 있는 것으로 바꿨고, 월 16,500원이었던 요금은 26,000원으로 올랐습니다.

자녀들에게 휴대폰을 사준 학부모들의 가장 큰 불만은 요금이 너무 비싸다는 점입니다. 실제 인터넷 포털사이트나 소비자보호단체 게시판에는 이동통신사들의 부당 요금 청구와 서비스 부재를 비판하는 글들이 연일 쇄도하고 있습니다.

"휴대폰 가입은 쉽지만, 해지는 무척 까다롭습니다. 이동통신사들이 겉으로는 '가입자의 휴대폰 이용권을 보호하기 위해서'라는 그럴 듯한 명분을 내세우고 있지만, 오로지 한 푼이라도 더 벌기 위한 상술 때문임은 삼척동자라도 알 수 있습니다."

"제 아이가 휴대폰을 미처 해지하지 못한 상태에서 유학을 떠났습니다. 지점을 방문했더니, 출국증명서와 주민등록등본을 제출하라고 했습니다. 1주일간 동분서주해 서류를 갖춘 뒤 지점에 제출하니까, '해지' 대신 '정지'로 하라고 강요하더군요. 길거리에선 미성년자들도 마구잡이로 가입시키면서 해지 절차는 왜 이리 까다로운지 분노를 금치 못하겠습니다."

"무선인터넷 요금제에 대해 잘 알고 있는 고객들은 드물 것입니다. 며칠 쓰지 않았는데도 83,000원이라는 데이터 이용료가 나와 여기저기 항의해 봤지만, 방법이 없었습니다. 과연 청소년이나 노인들이 무선인터넷 요금체계를 제대로 알고 있을지 의문입니다. 수많은 고객들이 요금체계를 잘 모르고 단추를 누르는 바람에 이동통신 업체들이 벌어들이는 금액이 어마어마할 겁니다. 기업의 마진은 필요합니다만, '영업이익만 나면 된다'라는 사고방식은 위험합니다. 이런 단기간의 이익보다는 장기간의 이익을 중심으로 소비자를 생각하고 회사의 마진을 고려하는 요금제로 탈바꿈하기를 바랍니다."

"휴대폰 무선인터넷 버튼을 누르면 큰 대가를 치릅니다. 우리 집 꼬마(8세)가 무선인터넷을 사용했는데, 이번 달에 13만 원이 청구됐습니다. 만화를 봤는데 한 화면이 700~1,000원 정도 나온답니다. 3개 이동통신사 모두 비슷한 요금을 책정하고 있습니다."

"아이가 벨 소리를 두 번 다운받았는데 65,000원 나왔습니다. 정작 통화료는 3만 원이 나왔고요. 어디에도 데이터 통화료는 명시돼 있지 않더군요. 정말 사기당한 기분입니다."

"우리나라에서 만들어지는 모든 휴대폰 단말기의 공통점은 제일 좋은 명당자리에 제일 화려하게 무선인터넷 버튼을 만들어놓는다는 겁니다. 그 버튼을 보고 있으면 '제발 날 좀 눌러주소' 하는 것 같아 무섭다는 생각까지 듭니다. 아무리 사업의 목적은 이

윤창출이라고 하지만 해도해도 너무하니 치가 떨립니다."

"정부는 휴대폰 단말기와 통신요금의 거품을 빼야 합니다. 요즘 휴대폰 1대당 1년에 100만 원 들어가는 건 예사입니다. 자녀들이 연 100만 원을 휴대폰에 소비하면 다른 소비는 허리띠를 졸라맬 수밖에 없습니다. 거의 한 달에 두세 번꼴로 신제품을 내놓는 바람에 수많은 중고 휴대폰이 버려지기도 하고요. 내수 침체의 가장 큰 원인은 과다한 휴대폰 요금 때문입니다."

월 1~2만 원 정도인 청소년 정액요금제에 가입했는데, 수십 만 원의 요금이 부과돼 깜짝 놀라는 학부모들이 의외로 많습니다. 왜 이런 일이 생기는 걸까요?

회사원 박 모(41) 씨는 작년 봄 초등학교 3학년 아들의 요금 청구서를 받고는 자신의 두 눈을 의심할 수밖에 없었습니다. 월 15,000원짜리 정액요금제에 가입했는데, 무려 12만 원의 요금이 나온 것입니다. 어떻게 이런 일이 벌어진 것일까요?

'청소년 요금제'는 18세 이하 미성년 자녀들의 무분별한 통화를 방지한다는 명목으로 매월 일정액의 통화료 한도를 두고 그 이상 통화할 수 없도록 한 것입니다. 한도가 넘으면 전화 받기만 가능하기 때문에 자녀에게 휴대폰을 장만해 주려는 부모들에게 인기가 있습니다.

하지만 박 씨가 내용을 알아보니 청소년 요금제에 '충전제도'라는 게 있어 상한을 두는 의미가 없었습니다. '충전'이란 나중에

돈을 더 내기로 약속하고 한도를 넘어 사용하는 것인데, 부모 동의를 받지 않아도 충전이 가능한 탓에 아이가 충전 전용 ARS 전화를 통해 한도를 늘린 것이었습니다. '자녀들의 무분별한 통화를 방지할 수 있다'는 이동통신사들의 홍보가 허구임을 보여주는 사례입니다. 특히 청소년 요금제는 통화료나 문자메시지 사용액만 제한할 뿐, 모바일 게임이나 700 전화, 노래와 같은 외부 콘텐츠는 제공업체와의 정산 문제로 사용요금 제한 자체가 불가능합니다. 정액제와 상관없이 쓴 만큼 돈을 더 내야 한다는 말입니다. 청소년 요금제는 '빛 좋은 개살구'인 셈이죠.

무제한 요금제도 주의해야 합니다. 자녀가 통화 대신 문자메시지를 많이 사용하는 경우 문자무제한 요금제를 활용하는 부모들이 많습니다. 이 요금제는 기본요금이 25,000~27,000원 선으로 비싼 편이지만, 경제성만 따지면 더 나을 수도 있습니다. 하지만 무제한 요금제를 택하는 순간, 문자 중독의 가능성이 더욱 현실화할 수밖에 없다는 점도 감안해야 합니다.

경기도 용인에 사는 주부 서 모(39) 씨는 올해 1월 초등학교 4학년 아들의 휴대폰 요금 고지서를 받고는 깜짝 놀랐습니다. 평소 4~5만 원가량 나오던 요금이 87만 원으로 뛰어올랐기 때문입니다. 내역을 알아보니 주범은 무선인터넷 이용 요금이었습니다. 겨울방학을 맞은 아들이 엄마 몰래 무선인터넷으로 만화영화를 몇 번 시청한 게 화근이었죠. 요금 고지서에는 데이터 통화료 항목에만 80만 원 가까운 액수가 부과돼 있었습니다.

무선인터넷 사용료가 이렇게 비싸다는 사실을 아는 사람은 거의 없습니다. 무선인터넷에 접속했을 때 벨 소리나 그림, 동영상 등 콘텐츠 이용료는 명시돼 있지만, 이를 내려받을 때 별도로 부과되는 데이터 통화료에 대해 사전 정보를 제공하는 이동통신사는 하나도 없습니다.

무선인터넷 요금은 시간당으로 부과되지 않고 1패킷(데이터 용량)당 요금이 부과됩니다. 현재 이동통신사들은 무선인터넷 요금으로 문자 중심의 콘텐츠는 6.5원, 사진이나 게임 등 그래픽 중심의 콘텐츠는 2.5원, 영화 등 대용량 동영상 콘텐츠는 1.3원을 부과합니다. 문제는 콘텐츠 구입요금 외에 정보 이용료(데이터 통화료)가 별도 부과된다는 점입니다.

만약 콘텐츠 사용료가 800원인 2MB 크기의 음악 파일을 무선인터넷에 접속해 내려받는다면 데이터 통화료 1만 원이 별도로 부과됩니다. 용량이 큰 동영상을 볼 경우 수십 만 원의 요금이 부과되기도 합니다. 참고로 CD 한 장 분량의 영화 한 편을 보면, 약 91만 원의 접속료가 나옵니다. 네트워크 게임은 이용자들 간에 계속 게임 정보가 교환되기 때문에 많게는 몇 초에 몇 백 원씩 요금이 부과됩니다. 게임 종류에 따라 순간적으로 엄청난 양의 정보가 휴대폰으로 자동 다운로드되기 때문입니다. '배보다 배꼽이 더 큰' 것이 무선인터넷 요금입니다.

하지만 소비자 입장에서는 데이터 이용료로 얼마가 부과될지 알 길이 없습니다. 무선인터넷은 철저히 데이터 이용량에 따라 요금이 부과되지만, 소비자들은 통상 시간 개념으로 생각하기 때문입니다. 이용 시간이 얼마 안 돼 요금이 많이 나오지 않을 것으로 여겼다가 낭패를 보는 경우가 허다합니다. 이동통신사들은 이런 정보를 사전에 절대 알려주지 않습니다. 무선인터넷에 접속했을 때 알 수 있는 것은 단지 콘텐츠의 크기가 1MB라는 식의 정보뿐이어서 데이터 통화료를 예측하기는 거의 불가능합니다.

그래도 무선인터넷을 써야겠다면 인터넷 한 달 무제한 이용 부가서비스(월 25,000~27,000원)에 가입하는 게 경제적이긴 합니다. 하지만 기본 음성통화료를 추가 부담해야 하는데다, 벨 소리 다운 정도의 목적으로 인터넷을 이용하는 경우 몇 만 원을 추가 부담한다는 게 불합리하게 느껴질 수도 있습니다. 따라서 웬만하면 휴대폰으로는 인터넷에 접속하지 않는 게 최선입니다. 또 벨 소리나 기타 콘텐츠 이용은 휴대폰으로 하지 말고 유선인터넷으로 각 이동통신사 사이트에 접속해 내려받으면 비싼 데이터 통화료를 물지 않아도 됩니다.

휴대폰 중독도 병이다

초등학교 6학년 지혜는 휴대폰을 사용한 지 만 2년 됐습니다. 주로 친구들과 문자를 교환하는 데 쓰고 가끔 게임도 즐기는 편입니다. 보통 하루 100여 통, 많을 때는 200여 통의 문자를 보냅니다. 그런데 최근 눈이 따끔거리고 손목과 어깨에 통증을 느껴 엄마와 함께 병원을 찾았더니 신종 증후군인 '문자메시지 통증'이라는 진단 결과가 나왔습니다.

의사는 문자메시지 보내기나 모바일 게임에 집착하는 아이들에게서 흔히 발견되는 증상이라고 설명했습니다. 작은 공간에서 쉴 새 없이 휴대폰의 단추를 누를 경우 손목이나 어깨에 혈액순환 장애가 발생, 통증을 느끼게 되는 단순 반복증후군의 일종이라는 것입니다. 지혜 양은 "문자를 많이 보내고 게임을 즐기는 주변 친구들 중에도 눈과 손목이 아프다고 호소하는 경우가 많아요"라고 말했습니다.

휴대폰을 이용하는 우리나라 10대 어린이 10명 중 4명이 중독 증상을 보이고 있습니다. 휴대폰을 집에 두고 왔을 때 하루 종일 불안하고 초조해 수업에 집중할 수 없다거나 전혀 울리지 않은 벨 소리를 들은 것처럼 느끼는 환청, 두통 등 휴대폰 중독 증상은 다양합니다. 실제 경기도 A고교를 조사했더니 학생들의 35%가 휴대폰 사용에 따른 어깨 및 손목 통증, 환청, 초조, 불안감 등을 겪었고 이로 인해 생활에 불편을 느꼈다는 결과가 나왔습니다.

이처럼 10대들의 휴대폰 중독이 심각한데도, 당사자나 학부모들은 대수롭지 않게 여겨 방치하다가 증상을 더욱 악화시키는 경우가 많습니다. 휴대폰에 지나치게 몰입할 경우 인터넷 중독처럼 우울증이나 불안증, 수면장애, 금단현상이 일어날 수 있으며, 휴대폰에서 발생하는 전자파로 인해 호르몬 분비에 이상이 올 수도 있다는 게 전문의들의 경고입니다.

그렇다면 우리가 현재 쓰고 있는 휴대폰 자체의 안전성은 어느 정도일까요? 혹시 오랫동안 사용하면 암이나 백혈병 등 우리 몸에 치명적인 변화를 초래하는 것은 아닐까요? 휴대폰의 인체유해 여부는 이미 오래전부터 국제사회의 주요 이슈가 되어왔습니다. 그러나 결론부터 말하면 휴대폰의 인체유해 논란은 현재 진행형입니다. 세계 각국에서 실시된 휴대폰 유해 여부에 대한 연구들은 최근까지도 엇갈린 결론을 내리고 있기 때문입니다.

호주 연구진은 2002년 9월 실험용 쥐를 대상으로 진행한 3년간의 연구 끝에 휴대폰 전자파가 종양을 확산시키지 않는다는 결론을 내렸습니다. 그러나 이보다 앞선 1997년 또 다른 호주 연구팀은 휴대폰의 전자파가 종양을 키울 수도 있다는 연구 결과를 발표했습니다. 스웨덴 연구팀 역시 2002년 8월 초창기에 시판된 휴대폰 모델을 장기간 사용한 사람들이 그렇지 않은 사람보다 뇌종양에 걸릴 확률이 80%가량 높았다는 연구 결과를 내놓았습니다.

헝가리 과학자들은 2004년 7월 휴대폰을 자주 사용하는 남성은 그렇지 않은 남성보다 전자파로 인해 정자 수가 30%까지 감소한다는 연구 결과를 발표했습니다. 또 덴마크 연구팀은 2001년 휴대폰 사용자 40만 명의 조사 결과를 토대로 휴대폰이 암 발생 위험을 증가시키지 않는 것으로 보인다고 밝혔고, 같은 해 세계보건기구(WHO)는 휴대폰의 유해성에 대해 더 많은 연구가 필요하다는 결론을 내렸습니다.

국내에서도 휴대폰 전자파의 인체 유해 여부는 오래전부터 사회적 관심사입니다. 정부는 2000년부터 이동전화 전자파를 대상으로 연구를 진행, 2004년 12월 "현재까지 휴대폰 전자파가 인체에 영향을 미친다는 특이사항은 발견되지 않았다"는 결과를 내놓았습니다.

하지만 생쥐를 대상으로 전자파 노출 실험을 진행한 서울대 의대 서정선 교수팀은 "휴대폰 전자파가 유전자 발현에 영향을 미칠 가능성에 대해서는 향후 지속적인 연구가 필요하다"고 밝혔고, 다른 연구자들도 "전자파 노출의 영향에 대해 객관적인 결론을 도출하려면 여러 교란변수를 배제할 수 있는 정밀 연구가 추가적으로 필요하다"고 입을 모았습니다.

당시 연구는 전자파에 대한 국민들의 불안감을 해소하기 위한 것이었으나, 관련 당사자인 이동통신 3사의 후원을 받아 진행됐다는 점에서 일부 환경단체가 객관성 문제를 제기하기도 했습니다. 휴대폰 사용 시간이 갈수록 늘어 인체의 두뇌가 오랜 시간 전자파에 노출되는 만큼, 전자파 인체 유해 여부가 객관적으로 규명될 수 있도록 추가 연구가 필요하다는 지적입니다.

결론적으로 전문가들의 대체적인 의견은 과학적인 인과관계가 입증되지 않은 이상 섣불리 휴대폰의 유해성을 단정할 일은 못되며, 따라서 과민반응을 보일 필요도 없다는 것입니다. 그럼에도 불구하고 학계 일각에선 전자파 수치가 높을 경우 DNA를 손상시키고 중추신경 종양과 백혈병 등 암 발생의 위험을 높인다는 섬뜩한 경고가 끊이지 않고 있습니다.

전자파 연구의 권위자인 한양대 김윤신 교수는 "휴대폰이 중추신경계에 미치는 영향을 연구하기 위해 신체적, 정신적으로 건강한 23~34세의 자원자 16명을 대상으로 휴대폰 사용이 뇌파 스펙트럼에 미치는 영향을 연구한 결과, 휴대폰을 5년 이상 장기간 사용한 그룹과 휴대폰을 사용하지 않은 그룹 사이에 뚜렷한 차이를 발견할 수 없었다"고 보고했습니다.

반면, 연세대 의대 김덕원 교수는 '전자파 인체 영향과 노출 감소 방안'이라는 연구보고서에서 "전자파 유해론을 둘러싸고 논란이 많은 이유는 전자파가 어떻게 각종 질병과 암을 유발하는가에 대한 과학적인 기전(메커니즘)이 밝혀지지 않고 있기 때문이다. 하지만 전자파에 그대로 노출되는 것은 흡연의 유해성이 밝혀지지 않았던 시대에 흡연을 방치하는 것과 같은 맥락인 만큼, 과학적으로 그 유해성이 밝혀질 경우에 대비해 정부 차원에서 연구를 진행하고 각 개인은 가능한 노출 감소를 위한 노력을 하는 것이 바람직하다"는 입장을 보였습니다.

휴대폰의 유해성에 대한 양론에도 불구하고 어린이들의 휴대폰 사용에 대해서는 부정적인 의견이 압도적입니다. 영국 정부는 2001년 11월 모든 휴대폰에 과도한 사용에 따른 건강 위험을 알리는 경고문을 끼워서 판매하도록 했습니다. 경고문은 휴대폰을 장기간 사용할 경우의 효과에 대한 과학적 불확실성을 소비자들이 인식하도록 유도하고, 특히 어린이들에 대한 잠재적 건강 위험에 초점을 맞추고 있습니다.

물론 이 같은 조치는 휴대폰에서 나오는 전자파가 두뇌에 영향을 줄 수도 있다는 우려 때문입니다. 같은 해 5월 발표된 영국 정부의 공식 조사는 휴대폰이 건강을 해친다는 증거는 발견하지 못했으나 해롭지 않다는 것도 증명하지 못했습니다. 조사위원회 위원장을 맡았던 윌리엄 스튜어트는 "어린이들의 휴대폰 사용은 억

제되어야 하나, 부모들이 알아서 결정하도록 선택권을 부모들에게 위임해야 할 것"이라는 조심스러운 결론을 내놓았습니다.

휴대폰이 건강에 미치는 영향에 대해서는 아직 논란이 있지만, 장기간 사용할 경우 우리 몸에 좋지 않은 영향을 줄 것이라는 '추정'(과학적 데이터도 일부 나오고 있지만)에는 대체로 동의하는 분위기입니다.

건강상의 안전성이 입증되지 않은 상황인 만큼, 최소한 초등학생(만 12세 이하)의 휴대폰 사용은 철저히 막을 필요가 있다는 게 국내외 전문가들의 일치된 의견입니다. 중·고생의 경우도 휴대폰 구입을 대학 입학 이후로 최대한 늦추되, 그것이 불가능하다면 사용 시간을 하루 한두 시간 정도로 제한하는 게 바람직합니다. 음란물과 게임 중독을 막을 수 있도록 휴대폰의 기능을 단순화하는 노력도 필요합니다.

> **Tip**

휴대폰의 유해성을 주장한 국내외 연구들

국내 최초의 휴대폰 전자파 유해 확인

2006년 6월 국내에서는 처음으로 휴대폰 전자파의 유해성이 확인되었습니다. 연세대 의대 의학공학교실 김덕원 교수 팀은 "청소년과 성인 각각 21명을 대상으로 휴대폰에서 나오는 전자파에 15~30분 노출시킨 뒤 호흡수, 맥박, 혈압, 땀 분비량을 조사했는데 15분 뒤 청소년의 손바닥에서 땀 분비량이 증가했다"고 밝혔습니다. 연구팀은 헤드폰 한쪽에 휴대폰을 장착해 연구 대상자에게 씌운 뒤 한 번은 통화할 때처럼 전자파(300mW)를 방출시키고 한 번은 그대로 두었습니다. 이 결과 성인들은 호흡 등 4개 영역에서 아무런 변화가 없었으며 청소년들은 전자파에 노출된 지 15분 뒤 땀 분비만 증가했습니다. 또 전자파 방출을 중지한 10분 뒤에는 땀 분비도 정상으로 돌아왔습니다.

김 교수는 "긴장하거나 스트레스를 받을 때처럼 전자파가 교감신경을 자극해 손바닥의 땀 분비량이 증가한 것으로 보인다"며 "성인에 비해 청소년의 면역 시스템이 약하기 때문에 반응이 더 나타난 것"이라고 분석했습니다. 이 때문에 영국이나 호주 정부는 청소년의 휴대폰 사용을 자제하도록 권고하고 있다는 것입니다. 이번 결과는 전자파 연구 분야의 권위지인 미국 바이오일렉트로마그네틱스에 게재될 예정이라고 합니다.

어린이의 뇌 활동 위축시켜

스페인 마르베야 소재 신경진단연구소는 2001년 4월 스캐너를 사용해 휴대폰을 사용 중인 11세 소년과 13세 소녀의 뇌를 촬영했습니다. 그런데 휴대폰 통화를 시작한 지 수분 만에 실험 대상 어린이의 뇌, 특히 휴대폰을 귀에 대고 있는 쪽의 뇌 활동이 급속히 둔해졌습니다. 통화가 끝나고 50분이 지난 뒤에도 어린이의 뇌 활동은 정상으로 돌아오지 않았습니다.

당시 실험은 휴대폰 사용이 어린이의 뇌에 미치는 영향을 처음 측정한 것이어서 큰 주목을 받았습니다. 연구팀은 "어린이가 휴대폰을 수분만 사용해도 뇌 기능이 거의 한 시간가량 저하되는 것으로 밝혀졌다. 전기적 활동뿐 아니라 생화학적 과정들도 영향을 받는다. 아직 성장이 끝나지 않은 어린이의 뇌가 어른의 뇌보다 더 영향을 받는다는 것은 확실한 만큼, 어린이들이 휴대폰을 사용하지 못하도록 해야 한다"고 강조했습니다.

암 발생 위험 3배 높인다

독일 에센대학 연구팀은 2001년 12월 휴대폰을 규칙적으로 사용한 사람들이 그렇지 않은 경우에 비해 안내眼內 암 발병률이 3배나 높다는 연구 결과를 의학전문지『역학』에 발표했습니다. 휴대폰 사용이 암 발병과 관련 있다는 첫번째 연구 결과였습니다.

연구팀은 눈의 홍채와 망막의 염기를 구성하는 부위에 종양이 생기는 포도막흑색종 환자 118명과 일반인 475명을 비교한 결과, 암 환자들의 휴대폰 사용 비율이 높다는 사실을 확인했습니다. 또 다른 연구팀은 포도막 층에서 발견되는 멜라닌 세포가 전자파에 노출될 때 자라나고 분해되기 시작한다는 사실을 밝혀냈습니다. 포도막흑색종은 멜라닌 세포에서 발생하기 때문에 유전적 소인이 있는 사람에게는 휴대폰 방사선이 암을 유발하는 데 작용할 가능성이 있다는 것입니다.

뇌 세포를 손상시킨다

스웨덴 룬트대학의 라이프 살포르드 박사는 2003년 2월 미국 국립환경보건과학연구소가 발행하는『환경보건전망』이라는 전문지에 "휴대폰이 뇌 세포를 손상시켜 알츠하이머병을 유발할 수 있다"는 충격적인 실험 결과를 발표했습니다. 휴대폰 전자파가 학습, 기억, 운동을 관장하는 뇌 부위의 세포들을 손상시킨다는 사실이 쥐 실험을 통해 밝혀졌다는 것입니다.

그는 사람 나이로 치면 10대에 해당하는 생후 12~26주 된 쥐들을 휴대폰에서 방출되는 것과 같은 단위의 전자파에 2시간 동안 노출시키고 50일 후 현미경으로 뇌를 관찰했습니다. 그 결과 많은 뇌세포들이 죽어 있다는 사실을 발견했습니다. 살포르드 박사는 "휴대폰이 사람에게도 같은 영향을 미친다고 믿을 만한 충분한 이유가 있다"고 했습니다. 쥐의 뇌는 인간과 매우 흡사하고 인간과 같은 혈뇌장벽과 신경원이 있기 때문입니다.

물론 이 실험 결과는 몇 마리의 쥐들을 대상으로 한 것이고 이를 확인하는 후속 연구 결과도 필요한 만큼, 휴대폰 이용자들이 미리 겁먹을 필요는 없을 것입니다. 하지만 이 결과만으로 보면 휴대폰을 머리에 반복적으로 갖다 대는 것이 장기적으로 뇌 건강에 좋지 않을 수 있으며, 따라서 휴대폰 사용의 제한을 검토해야 한다는 게 살포르드 박사의 설명입니다.

면역물질 감소시켜

우리 몸에 이물질이 침입하면 백혈구 안의 유해성 판단물질인 IL6가 해로운지 여부를 가려냅니다. 이물질이 해로운 것으로 확인되면 정보전달물질인 T세포가 이 사실을 전달하고 NK세포가 유해물질을 죽이게 됩니다. 그런데 고려대 의대 연구팀은 2005년 9월 휴대폰 전자파에 노출된 사람은 유해물질을 죽이는 NK세포가 절반 가까이 줄어들어 병을 막는 면역기능이 크게 떨어진다는 실험 결과를 발표했습니다.

연구팀은 "면역기능이 떨어졌다는 것은 DNA 손상이나 조기 암 발생의 지표가 될 수 있음을 의미한다"고 말했습니다. 스웨덴에서도 휴대폰을 10년 넘게 사용한 사람은 그렇지 않은 사람보다 면역력이 떨어져 뇌종양 발생 위험이 3.6배 높아진다는 연구 결과가 나왔습니다.

표면 접촉이 피부질환 초래

회사원 K(24)씨는 지난해 여름 갑자기 뺨에 붉은 반점이 생기고 가려움을 느끼기 시작했습니다. 처음엔 단순한 피부발진 정도로 여겼지만, 좀처럼 낫지 않고 긁으면 조그만 물집처럼 잡혀서 터지거나 심하게 가려웠습니다. 한 달 뒤 피부과를 찾고 나서야 하루 2시간 넘게 사용한 휴대폰이 원인이었다는 사실을 알게 되었습니다.

서울대병원 피부과 은희철 교수팀은 2005년 9월 국내 5개 휴대폰 제조업체에서 출시된 휴대폰 104개를 조사한 결과, 22개에서 니켈 양성 반응이 나왔다고 밝혔습니다. 일부 휴대폰에선 크롬 성분도 검출됐습니다. 제조업체들이 고급스러운 질감이나 디자인을 위해 일부 휴대폰에 니켈이나 크롬을 사용하는데, 휴대폰 표면으로 나온 금속 성분이 직접 피부에 접촉되면 염증을 일으킨다는 것입니다. 특히 피부가 민감한 여성이나 10대 청소년들이 피부질환에 걸리기 쉽다고 합니다. 때문에 서구에서는 2001년부터 휴대폰에 사용하는 니켈의 함유량을 엄격히 제한하고 있지만, 우리나라는 아직 제한 규정이 마련되어 있지 않습니다.

부모들의 고민: 휴대폰 사주어야 하나?

부모들은 자녀들의 휴대폰 고민에 대해 어떻게 생각할까요? 대개는 '공부하는 학생이 반드시 휴대폰을 가져야 할 이유는 없다'고 여기면서도, 학원이나 도서관에서 늦게 귀가하는 자녀와의 비상연락을 위해, 또는 휴대폰을 핑계로 공부를 소홀히 할까 걱정돼 사주는 경우가 일반적입니다. 더러는 좀더 적극적으로 휴대폰의 필요성을 인정하는 경우도 있습니다.

우선 아이들의 얘기를 들어볼까요.

 "어느 날 아빠가 선물이라고 휴대폰을 가져왔어요. 중 1때 휴대폰을 잃어버린 뒤 다시 사달라고 졸랐어요. 처음 갖게 된 것은 중학교 입학 때고요."

"부모님이 휴대폰 갖는 것을 반대하셨는데 결국엔 사주셨어요. 이모가 휴대폰을 두 개 갖게 됐는데, 그 중 하나를 어머니가 쓰게 되면서 자연스럽게 하나를 사주신 거죠."

"여름방학에 학원을 다녔는데, 부모님이 밤에 연락하기가 힘들다고 사주셨어요."

"언니가 부모님에게서 물려받아 쓰던 걸 다시 받게 됐어요."

"아빠가 휴대폰을 새것으로 바꾸고 나서 기존 휴대폰을 버리기 아까우니까 물려주셨어요. 내가 갖고 싶어하니까 주신 거죠."

"아빠가 쓰시다가 버리게 된 것을 아까우니까 내게 주셨어요. 부모님은 (나를) 감시하기 위해 주신 것 같아요."

"엄마가 감시하려고 사주셨어요."

"아빠가 (내가) 집에 늦게 들어온다고 사주셨어요. 감시용으로."

(〈한국정보문화진흥원〉 '청소년의 휴대전화 사용 실태 조사 연구' 중에서)

정말 그럴까요? 과연 엄마 아빠들은 무슨 생각으로 자녀들에게 휴대폰을 사주는 것일까요?

"초등학교 5학년과 중학교 2학년 두 딸에게 모두 휴대폰을 사줬어요. 둘째는 친구들과 문자메시지를 주고받는 정도로만 쓰고, 학교에까지 가져가는 경우는 극히 드물어요. 가족끼리 여행을 가거나 놀러 갈 때 연락 수단으로 이용하는 경우가 일반적입니다. 아직 나이가 어리기 때문인지, 굳이 휴대폰을 사줄 필요가 있을까 싶은 생각이 들 때가 많았어요. 하지만 중학생 딸에겐 휴대폰이 필요한 것 같아요. 같은 반 친구들로부터 '폭탄메일'이 자주 오거든요. 예를 들어 '내일 과학 수행평가를 하는데, 준비물이 ○○와 ○○다'라는 식이에요. 깜박 잊고 있다가 문자메시지를 받고서 준비물을 챙기는 경우도 있고……, 중학교에 들어가면 학습량이 엄청 늘어나고 친구들과 대화할 시간도 별로 없잖아요. 가만히 보면 문자메시지가 친구들과 대화하는 유일한 시간이자 통로인 것 같아요. 중학생들에게까지 휴대폰 사용을 막는 것은 너무 잔인하지 않을까요?"

"중학교 1학년 외동딸을 키우는데, 처음엔 대학 들어가면 사주려고 했어요. 전자파도 걱정이 됐고요. 그런데 요즘 세태가 10대 청소년들의 필수품처럼 되어버린 데다가 본인도 워낙 갖고 싶어했어요. 성인이 될 때까지 미루는 게 현실성이 떨어지겠다 싶어 포기했지요. 아이가 학원에 가거나 친구들과 놀러 갈 때 비상연락을 위해 필요하겠다는 생각도 들었고요. 솔직히 딸아이의 행동반경을 확인하고 싶은 이기적인 욕심도 생기더군요. 차라리 휴대폰을 사준 다음 본인이 사용하면서 잘 관리하는 게 낫겠다고 판단한 거죠."

"휴대폰이 없는 아이들이 받을 스트레스도 감안해야 한다고 봐요. 또래들에게서 소외당할 우려도 있고요. 중학교에 다니는 남자 조카가 여자친구에게 매일 수백 통의 문자메시지를 보내다가 아빠에게 들킨 적이 있어요. 단단히 화가 난 아빠가 망치로 휴대폰을 깨뜨려버려 한동안 부자 갈등이 심각했어요. 남자애들은 휴대폰을 빼앗길 경우 귀를 아예 막아버려요. 특히 사춘기 남학생들은 통제가 쉽지 않죠. 하고 싶은 것을 막으면 다른 곳으로 터지기 마련 아닙니까? 너무 하고 싶은 것을 막아버리면 일탈행동을 할 가능성이 커진다고 봐요. 남들은 대부분 갖고 있는데, 안 사주면 부모 입장에서 미안할 수도 있고요. 지금 당장, 이 순간의 인생이 아이들에겐 소중할 수도 있지 않을까요? 휴대폰이 없어서 스트레스 받게 내버려두고 싶지는 않아요. 그래서 두 딸에게 초등학교 4학년 때부터 휴대폰을 사줬어요."

엄마들의 고민도 일리는 있지만, 쉽게 동의하긴 어렵습니다. 우선 비상연락 수단은 사방에 널려 있는데, 왜 굳이 휴대폰을 사줘야만 하는 걸까요? 먼 과거로 돌아갈 필요도 없습니다. 한국 사회에 휴대폰이 본격적으로 보급되기 시작한 것은 불과 8년 전인 1998년부터입니다. 그 이전의 아이들에게 휴대폰이 없다고 해서 심각한 문제가 됐던 적이 있었나요? 결코 그렇지 않았을 것입니다.

요즘 웬만한 학교 복도에는 공중전화가 설치돼 있습니다. 심지어 학급마다 공중전화를 설치한 곳도 있습니다. 물론 지금보다 공중전화 보급을 더 늘릴 필요가 있지만, 이는 교육 당국이 조금만 관심을 기울이면 해결할 수 있는 문제입니다.

학원도 마찬가지입니다. 웬만한 학원에는 거의 대부분 공중전화가 설치되어 있습니다. 만일 공중전화가 없다면 사무실 전화를 이용해도 됩니다. 저희 집 아이들은 학교 수업이 끝나고 친구들과 놀게 되거나 학원 수업이 예정보다 늦어지면 수신자 부담 전화(콜렉트 콜)로 알려옵니다. 학원 선생님이 전화를 대신 해주는 경우도 있습니다.

아이가 학교에서 '왕따'를 당할지 모른다는 걱정도 기우에 불과합니다. 극동대 연구팀이 휴대폰을 갖고 있는 중학생 8명에게 '휴대폰이 없는 아이들과의 관계'에 대해 물어봤습니다. '연락이 쉽지 않아 간혹 멀어지기도 한다'는 소수(2명)의 답변이 있었지만, 대부분은 '특별한 불편이 없다'는 반응이었습니다.

"유선전화나 메신저를 통해 만날 수 있기 때문에 친구 관계는 일정하게 유지돼요."

"불편한 점은 많지만 친구에게 휴대폰이 없다고 해서 특별히 거리감을 느끼진 않아요."

"휴대폰이 없는 친구가 먼저 전화하기 때문에 특별히 불편하진 않아요."

"휴대폰 없는 친구가 5명가량 있는데, 친구 사이는 전혀 변화가 없어요."

"휴대폰 없는 친구들은 (휴대폰을) 사고 싶어하는 것 같아요. 관계가 더 멀어지지는 않지만, 평소에 연락하기가 쉽지 않아 간혹 멀어지기도 합니다."

"휴대폰이 없는 친구와는 집으로 전화해요. 친구 관계에는 전혀 변화가 없습니다."

"휴대폰 없는 친구들과는 집으로 전화해요. 연락이 안 되면 안 되는 대로 친하게 지내는 편이에요. 학교에서 직접 만나면 되니까, 친구 사이에는 별다른 영향을 미치지 않습니다."

'왕따' 문제에 대해선 전문가들의 의견도 비슷합니다. 오히려 컴퓨터나 휴대폰에 몰입 정도가 심한 아이일수록 사회성이 떨어지고 대인관계가 좋지 못하다고 합니다. 휴대폰은 개인적으로 소유하고 사용하는 기기입니다. 혼자만의 공간에서 개인 기기에 몰입하다 보면 타인지향적 관심보다는 자기지향적 관심이 높아질 수밖에 없습니다.

즉, 세상을 남의 입장에서보다는 자신의 관점으로 보기 때문에 이기적으로 행동하고 사회성이 떨어질 수 있다는 것입니다. 나중에 성인이 된 후에도 친사회적 도덕성이 결여되기 쉽습니다. 대인관계가 원만하고 사회성과 도덕성을 갖춘 아이로 키우려면 기계(휴대폰)와의 접촉을 줄이고 인간(가족)과의 접촉을 늘려야만 합니다.

'보상 선물'로 휴대폰을 사주는 것도 역효과만 빚을 뿐입니다. 부모들은 성적이 나아지는 조건(예를 들어 수학 90점 이상, 반에서 5등 이내 등)으로 휴대폰을 사주겠다고 제안하는 경우가 흔합니다. 그렇지만 어떤 보상 목적으로 휴대폰을 사줄 경우, 아이들은 '휴대폰은 재미있고 좋은 것, 생활에 도움이 되는 긍정적인 것'이라는 생각을 은연중 갖게 됩니다. 휴대폰에 심하게 몰입할 가능성이 그만큼 커진다는 말입니다. 때문에 '휴대폰은 공부에 방해가 되고 중독까지 초래할 수 있으며 결코 유익하지 않다'라는 생각을 심어줄 필요가 있습니다. 굳이 보상을 하려면 책이나 장난감 등 다른 것으로 해야 합니다.

"우리 학교에서 제일 바쁜 친구가 있어요. 그 친구는 교내 활동뿐만 아니라 대외적인 청소년 행사나 봉사 활동을 굉장히 많이 해서 어른들이나 나이 많은 형·누나들과도 친하게 지냅니다. 친구도 엄청 많아요. 여러 가지 연락할 일이 많으니 당연히 휴대폰이 있을 줄 알았어요. 그런데 그 친구는 휴대폰을 갖고 있지 않더군요. 조금 불편하기는 하지만 큰 문제는 없다는 거예요. 정말 필요할 때는 부모님의 것을 빌려 쓴다고 하더군요. 그 친구의 얘기를 듣고 머리가 '확' 깨는 기분이었어요. 사실 휴대폰이 없다고 죽는 건 아니잖아요."

올해 고등학교에 진학하는 서울 D중학교 3학년 동규 군의 솔직한 고백입니다.

설사 휴대폰에 일부 부정적 측면이 있더라도 공부에 찌든 아이들에게 스트레스 해소 통로로서의 기능은 하지 않느냐고 반문하는 독자가 있다면, 다음 장을 주목해 주시기 바랍니다.

아이의 사고력과 창의력을 떨어뜨리는 주범.

독서와 글쓰기를 방해하는 요인.

공부에 집중하지 못하게 만드는 최고의 적 휴대폰!

내 아이의 성공적인 학습과 인성 교육을 위해 휴대폰 사용을

철저하게 규제해야 합니다.

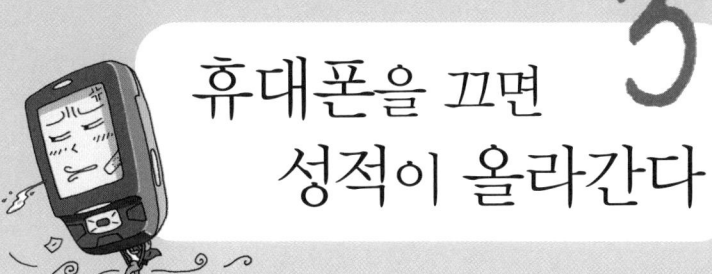

3
휴대폰을 끄면 성적이 올라간다

성적과 휴대폰 사용은 반비례 관계

주부 A씨는 두 딸에게 모두 휴대폰을 사줬습니다. 현재 서울 S중학교 2학년인 큰딸에게 휴대폰을 처음 사준 것은 4년 전인 초등학교 4학년 때입니다. 본인의 흑백 휴대폰을 컬러폰으로 바꾸기 위해 대리점에 가면서 함께 데려간 딸에게 "온 김에 너도 하나 마련하라"며 별 생각 없이 흑백폰을 사준 것입니다.

딸이 평소 공부를 잘하는 데다가 휴대폰 때문에 학업을 소홀히 하지 않을 것이라는 믿음도 작용했습니다. 초등학교 5학년인 둘째딸에게도 지난해 어린이날 선물로 휴대폰을 사줬습니다. 언니에겐 4학년 때 이미 휴대폰을 사줬고, "친구들이 어린이날 선물로 휴대폰을 많이 받는다"는 말에 거절할 명분도 찾기가 쉽지 않았기 때문이죠.

음악을 좋아하는 큰딸은 현재 MP3폰을 이용하고 있습니다. 딸이 MP3폰으로 바꿔달라고 계속 칭얼대 "시험을 잘 보면 바꿔주겠다"고 뜸을 들이다가 2004년에 MP3폰으로 바꿔준 것입니다. "큰애는 눈 뜨면서 잘 때까지 MP3폰을 틀어놓아요. 학교에 오갈 때도 음악을 듣고 다니죠. 음악이 유일한 친구인 셈이에요. 초등학교 6학년 때 MP3를 사줬는데, 컴퓨터에서 다운받느라 시간이 너무 많이 걸린다고 짜증을 내 아예 MP3폰으로 바꿔줬어요."

A씨가 큰딸의 흑백폰을 고가의 MP3폰으로 업그레이드해준 데는 나름대로의 이유가 있습니다.

"큰애는 방학 중에도 학원이다, 과외다 해서 하루 일과가 너무 빡빡해요. 친구들을 만날 시간도 거의 없고요. 휴대폰은 요즘 아이들 사이에서 친구 관계를 유지해 주는 중요한 매개체라고 생각합니다. 컴퓨터와 텔레비전을 통제하다 보니 자연스럽게 휴대폰을 이용하는 측면도 있고요. 학년이 올라갈수록 밤늦게까지 공부만 해야 하는 답답한 생활이 연일 이어질 텐데, 스트레스를 풀 수 있는 장치가 하나 정도는 있어야 한다고 봅니다."

A씨의 큰딸은 전교에서 3등 안에 드는 우등생입니다. 시험기간에는 휴대폰을 절대 사용하지 않고, 평소에도 음악을 듣거나 하루 20통 미만의 문자를 보내는 정도입니다. 문자 내용도 학교 숙제나 과제 준비물 등으로 한정되어 있습니다.

본인이 휴대폰의 용도를 '음악 감상'과 '비상연락'으로 규정하고 철저히 관리를 잘하고 있는 편입니다.

경기도 K초등학교 5학년 동훈이의 취미는 음악 감상입니다. 동훈이는 가수 김종국의 열렬한 팬입니다. 방과 후면 종일 MP3에 이어폰을 꽂고 지냅니다. 자기 방에 틀어박혀 숙제를 하거나 공부를 할 때도 이어폰을 빼는 적이 없습니다. 또 한쪽에는 늘 컴퓨터가 켜져 있습니다. 친구들과 수시로 메신저를 교환하기 때문입니다. 최근 생일 선물로 휴대폰을 받은 뒤엔 취미가 하나 더 늘었습니다. 문자메시지 보내기입니다. 숙제를 하다가도 친구 얼굴이 떠오르면 습관적으로 휴대폰 자판에 손이 갑니다.

숙제나 공부를 할 때면 휴대폰 통화음을 진동으로 바꿔놓지만, 수시로 진동이 느껴져 공부의 리듬이 깨지기 일쑤입니다. 엄마가 "공부할 때는 전원을 꺼놓으라"고 잔소리를 해대지만, 귀에 잘 들어오지 않습니다. 일단 진동이 느껴지면 내용이 궁금해서 열어보지 않을 도리가 없습니다. 문자를 확인하고 답장을 보내면 또 다른 메시지가 금방 날아옵니다.

동훈이 엄마는 "휴대폰을 사준 뒤에 성적이 눈에 띄게 떨어지고 있어 걱정이에요. 친한 친구들이 대부분 휴대폰을 갖고 있는 데다가 아이가 벌써 사춘기에 접어든 것 같아, 사준 걸 다시 빼앗으면 반항적으로 변하지 않을까 걱정이 됩니다"

라고 고민을 털어놓았습니다.

 서울 M고 3학년 최 모 군은 이과에서 항상 톱 3 안에 드는 수재형으로 한국을 대표하는 물리학자가 되겠다는 꿈을 갖고 있습니다. 요즘 학생으론 드물게 휴대폰이 없습니다. "공부에 방해도 되고 필요할 때는 어머니 휴대폰을 쓰면 되기 때문"이라는 게 최 군의 변입니다.

그동안 휴대폰이 없어 갑갑함을 느낀 경우가 없지는 않았습니다. 예를 들면 수업이 끝나고 집에 왔는데 문이 잠겨 있고 열쇠도 없어 난감했던 적이 있었습니다. 물론 자주 벌어지는 일은 아닙니다. 이런 경우에도 공중전화를 이용하면 되기 때문에 굳이 휴대폰을 사야겠다는 유혹을 느끼진 않았다고 합니다. 고등학교 1, 2학년 시절에는 필요할 때마다 어머니 휴대폰을 빌려 썼습니다. 주로 저녁 때 학원에 가는 경우입니다.

외아들인 최 군이 휴대폰을 멀리했던 가장 큰 이유는 공부에 도움이 되지 않는다고 판단했기 때문입니다.

"같은 반 친구 중 3분의 2 이상이 휴대폰을 갖고 있어요. 그런데 수업 시간에 몰래 문자를 보내거나 게임을 하다가 선생님에게 들키는 경우가 자주 있더군요. 누구 한 사람이라도 주의를 받거나 휴대폰을 압수당하면 수업 흐름이 끊길 수밖에 없고요. 휴대폰이 없다고 크게 불편하지도 않은데, 수업에 방해만 되는 것 같아 구입을 뒤로 미뤘어요."

위의 세 가지 사례 중 동훈이를 제외하면 극히 예외적인 경우에 속합니다. 대다수 학생들에게 휴대폰은 '나의 분신'이자 '장난감'이고, 또 '친구'입니다. 자기 통제력이 떨어지는 연령대인지라, 굳은 의지로 휴대폰을 사지 않거나 절제하며 사용하는 경우는 극히 드뭅니다. 정도 차이는 있겠지만, 동훈이와 같이 학업에 부정적 영향을 미치는 게 일반적입니다.

그렇다면 부모가 중심을 잡아야 하는데, 막상 어른들은 휴대폰의 실체에 대해 너무 모르고 있습니다. 휴대폰에 얼마나 많은 유해 콘텐츠가 들어 있는지, 학습에 얼마나 나쁜 영향을 미치는지 잘 모르는 경우가 대부분이죠. 공부에 악영향을 미친다는 사실을 뒤늦게 깨닫더라도 대응 방법을 제대로 몰라 안절부절못하기 일쑤입니다. 중학교 교사로 근무 중인 고교 동창에게 A씨 큰딸의 사례를 전하자, 그는 무척 의외라는 듯 이런 비유를 들려줬습니다.

"동료 교사의 아버님이 91세에 노환으로 운명하셨는데, 돌아가시기 직전까지도 담배를 많이 피우셨어. 젊었을 때는 하루 두세 갑을 피우실 정도로 골초였던 그분은 입버릇처럼 '담배를 많이 피워도 오래 살지 않느냐'고 담배 유해론을 부정하셨지. 그런데 그분 가계를 보면 장수를 하신 분들이 많거든. 형제들 중에는 100세 가까이 사신 분도 있었어. 전통적인 장수 집안으로 볼 수 있겠지. 친구 아버님이 돌아가신 뒤 그 집안의 의사 한 분이 '담배를 끊으셨다면 100세까지 사셨을 텐데'라고 아쉬워했다는 얘기를 들었어. 일선 학교에서 아이들과 매일 씨름하는 입장에서 보자면, A씨

딸의 사례는 극히 예외적이야. 중독성이 강한 휴대폰을 스스로 통제하며 절도 있게 사용하는 학생은 드문 게 현실이지. 단언컨대 휴대폰이 없는 아이들의 성적이 훨씬 좋아. A씨는 딸에게 휴대폰을 사준 것이 동기부여 측면에서 도움이 된 것으로 판단하는 듯하고, 실제 도움이 되었을 수도 있겠지만, 일반적인 경우는 결코 아니야. 보통의 학생들에게 휴대폰은 학습을 방해하는 '독'으로 작용하는 게 일반적이거든. A씨가 딸에게 휴대폰을 사주지 않았다면, 더 좋은 결과가 나왔을 수도 있지 않을까?"

이런 측면에서 국내 최고의 입시전문가이자 경영자로도 크게 성공한 S씨가 중학생 딸에게 들려준 성공 비결이 교훈이 될 수 있을 것 같습니다.

"공부에서건 경영에서건, 성공을 위해 가장 중요한 것은 실패의 요인을 줄이는 것입니다. 아이들의 학습을 방해하는 요인을 조사해 보면 휴대폰이 가장 큰 원인으로 자리잡고 있습니다. 휴대폰은 아이들의 성공적인 학습을 방해하는 요인, 즉 실패의 분명한 요인인 셈입니다."

그래서 그는 딸에게 어떻게 공부를 잘 할 것이냐를 고민하기 전에 먼저 공부에 방해가 되는 휴대폰과 텔레비전을 통제하도록 했다고 합니다. 내 아이가 공부를 잘하기를 바란다면 유명한 학원이나 유능한 교사를 찾기 이전에 가장 먼저 아이들의 공부를 실패로 만드는 요인을 줄이는 일에서부터 시작해야 하지 않을까요?

남학생은 '모바일 게임', 여학생은 '문자'가 문제

 경기도 B중학교 1학년 철수는 모바일 게임 마니아입니다. 모바일 게임이 너무 하고 싶어 수업 시간에 복통을 핑계 대고 양호실에서 몰래 게임을 하다 들켜 반성문을 쓰기도 했을 정도니까요. 방과 후 학교 운동장 한켠에서 넋을 읽고 모바일 게임에 열중하다가 학원 수업을 빼먹은 적도 여러 번입니다.

2년 전 휴대폰을 처음 샀을 때만 해도 방과 후 집에서 1시간 정도씩 게임을 하는 정도였지만, 지금은 수업 시간에도 게임 장면이 머릿속에 어른거려 도저히 참을 수 없을 만큼 중독 증세가 심해졌습니다. 초등학교 졸업 때는 지역 기관장이 주는 상을 받을 정도로 학업성적이 최상위권이었지만, 지금은 자기 학급 36명 중 20등 안팎을 오르내리고 있습니다.

서울 G초등학교 6학년 민경이는 친구들과 하루 평균 150~200통의 문자를 주고받습니다. 친구들이 갖고 있는 예쁜 휴대폰이 너무 부러워 무작정 부모를 졸라 6개월 전에 휴대폰을 구입했습니다. 금세 민경이의 둘도 없는 친구이자 보물 1호가 됐음은 물론입니다. 민경이는 잠을 잘 때도 휴대폰을 꼭 껴안고 잡니다. 아침에 일어나 책가방을 챙기면서도 습관적으로 친구에게 문자를 보냅니다. '오늘 미술 준비물이 뭐야?' '수업 끝나고 만화 빌려보지 않을래?' '주말에 해리포터 영화 보러 가자' 등등 틈만 나면 손으로 휴대폰 자판을 두드립니다. 1분에 60~70타를 두드릴 정도로 손이 빠릅니다. 3~4통의 문자를 눈 깜짝할 사이에 보내기 때문에 친구들 사이에선 '엄지여왕'으로 불립니다. 하지만 휴대폰을 아끼고 몰입하는 정도가 심해질수록, 민경이의 성적은 하락곡선을 그리고 있습니다.

남학생들에게 모바일 게임이 가장 큰 학습 방해 요소라면, 여학생에겐 문자메시지가 공부에 집중하지 못하게 만드는 가장 큰 장애물입니다.

서울 D여고 이지혜(국어 담당) 선생님의 말을 들어보죠.

"여학생들에게 휴대폰은 '놀이기구'이자 '친구' 같아요. 쉬는 시간이나 점심시간마다 문자를 보내거나 게임을 하고 사진을 찍거나 음악을 듣지요. 필기 대신 칠판의 내용이나 노트를 휴대폰으로 찍어놓는 경우도 많아요. 시험시간표가 나오면 노트에 메모를 하는 게 아니라 휴대폰에 저장하지요. 특히 문자는 자기표현의 가장 중요한 수단이에요. 얼마나 많은 문자를 보내는가, 얼마나 빨리 보낼 수 있는가가 삶의 의미인 시대에 살고 있는 것 같아요. 여학생들은 즐거워도 화가 나도 문자로 자신의 감정을 금방 풀어버려요. 학습에 미치는 영향이 궁금하다고요? 문자 중독이 심한 학생일수록 독서량이 빈곤하고, 자연히 어휘 이해력과 구사력도 떨어집니다."

요즘 교실에서 벌어지고 있는 문자 중독은 어른들의 상상을 초월할 정도로 심각한 수준입니다. 실제 극동대 연구팀이 서울 지역 중학생 8명을 심층 면접한 결과, 수업 시간에 문자메시지를 사용하지 않는 학생은 1명도 없었습니다. '수업 중에 얼마나 자주 문자를 보내고 받는가?'라는 질문에 대해 아이들은 이렇게 답했습니다. '한 달에 1,600통 정도 보낸 적이 있다.' '한 수업 시간당 10통 정도 보낸다.' '하루에 20~30통씩 오고간다.' '한 달에 2,000통 정도 보내는 편이다.' '수업 시간에 자주 쓰지는 않는다. 진동으로 해놓고 문자 오는 것만 확인하는 정도다.' '수업 중 아무 때나 문자를 보낸다. 무서운 선생님이 수업할 때는 그냥 꺼놓기도 한다.' '수업 시간에 10통 정도 오고 간다.' '일정하진 않지만, 보통 10통 내외다.'

서울 대치동에서 수험생클리닉(한의원)을 운영하며 입시 컨설턴트로도 활동 중인 황치혁 원장이 2004년 5월 서울 시내 고교생

을 대상으로 조사한 결과, 하루에 문자를 20통 이상 보내는 여학생은 30.8%, 남학생은 20.8%였습니다. 그런데 1년 6개월 뒤인 2005년 11월 〈한국정보문화진흥원〉이 수도권 지역 중·고생 705명(대학생 77명 포함)을 조사했더니 하루 100통 이상 문자를 날리는 아이들이 37.2%(443명)나 됐고, 하루 1,000통 이상 문자를 보낼 정도로 심하게 중독된 경우도 2.4%(17명)에 달했습니다. 문자가 자신의 존재를 증명하는 대상임과 동시에 '나 자신'으로 발전하고 있음을 보여주는 사례입니다.

위에 사례를 든 민경이 엄마는 딸이 휴대폰에 너무 집착하는 것 같아 한편으론 걱정이 되면서도, '중학교에 들어가면 나아지겠지' 하는 생각에 애써 무시하고 있다고 합니다. 호기심 탓에 지금은 휴대폰을 많이 이용하는 편이지만, 점차 다른 쪽으로 눈을 돌리지 않겠느냐는 생각인 것입니다.

그러나 전문가들의 의견은 다릅니다. 초등학교 4~6학년은 중·고등학교 때 제대로 공부할 수 있는 힘을 길러주는 중요한 시기입니다. 즉, '공부저력'을 찾아 키워주는 시기인데, 이때 어린 자녀들에게 휴대폰을 안겨주면 공부의 기본기가 취약해질 수밖에 없다는 설명입니다.

황치혁 원장은 문자 중독이 학생들의 집중력을 떨어뜨리는 주범이라고 단언합니다.

"문자는 시간과 장소를 가리지 않고 들어옵니다. 한참 공부를 하고 있는 도중에 문자가 들어오는 진동이 느껴지면, 그 순간 공부에 대한 집중력이 약해질 수밖에 없거든요. '누가 보냈지? 어떤 내용일까?' 확인하고 싶은 마음에 공부는 머릿속에서 사라지고 맙니다. 문자를 확인하고 답장을 보내면 곧바로 답장이 다시 날아오지요. 문자메시지로 채팅을 하는 셈입니다. 문자를 보내고 답장이 안 와도 그냥 기다리게 되고, 기다림이 오래 되면 짜증도 내게 됩니다. 한 친구와 몇 차례 문자를 주고받은 후 공부를 하려면 원래의 집중 상태로 회복되는 데 상당한 시간이 걸립니다. '어디까지 공부했더라? 아! 여기였지.' 이제 공부를 할 만하면 다시 문자가 와서 공부의 맥을 끊어버립니다."

모범생이던 L군은 대입 준비에 집중해야 할 고3 때 입시의 중압감을 이기지 못해 한동안 방황했습니다. 집중력이 급격히 떨어져 친구들과 콜라텍, 노래방 등을 전전하며 공부 스트레스를 풀려고 했으나, 흐트러진 공부 페이스는 좀처럼 제자리로 돌아오지 않았습니다.

L군은 자신의 하루 생활 패턴을 곰곰이 되돌아봤습니다. 그런데 독서실이나 집에서 책과 씨름하면서도 30분 이상 집중하는 경우가 드물다는 사실을 발견했습니다. 원인은 휴대폰이었습니다. 친구들에게서 수시로 문자가 날아와 집중을 방해했기 때문이죠. 한시도 손에서 놓지 못하던 휴대폰이야말로 공부 장애의 가장 큰 요인이라는 걸 깨닫고는 휴대폰을 벽에 던져 부숴버렸습니다. L군은 그 후 공부에 재미를 붙여 결국 서울대에 합격했습니다.

공부를 잘하는 학생들의 공통점은 집중력이 뛰어나다는 점입니다. 그런데 집중력은 주변 환경과 분위기가 절대적인 영향을 미칩니다. 평소 아무리 집중력이 뛰어난 아이라 해도, 책상 위에 올려둔 휴대폰으로 시도 때도 없이 문자가 날아오는 상황에서 집중력을 유지하기란 쉽지 않습니다. 부모는 학교나 학원에서 돌아온 아이가 자기 방 책상에 앉아 책을 펼쳐놓고 있으면, 공부를 하고 있으려니 여기기 쉽지만, 대개는 착각인 경우가 많습니다. 아이들의 눈과 귀는 항상 휴대폰을 의식하고 있기 때문입니다. 중독 성향을 띠는 아이 중에는 눈으로 건성건성 책을 읽으면서 손으론 게임을 하거나 쉼 없이 문자를 보내는 경우도 흔합니다.

수시로 휴대폰 문자를 확인하고 답장을 보내는가 하면, 게임을 하거나 동영상을 훔쳐보면서 읽어 내려가는 책 내용이 머릿속에 제대로 들어올 리가 있을까요? 같은 한 시간을 책상에 앉아 있더라도, 휴대폰 없이 공부에 집중하는 아이에 비해 휴대폰에 신경을 쓰는 아이는 20~30분 이상 공부 시간이 줄어든다는 것이 일선 선생님들의 공통된 지적입니다. 비교적 자기 통제를 잘하는 아이들도 휴대폰을 갖고 있으면 집중력과 학습효과가 현저히 떨어지기 마련입니다. 하물며 기질적으로 집중을 어려워하는 아이들의 경우 악영향이 어느 정도일지는 너무도 분명합니다.

두뇌 유형에 따른 사고 교육 전문가인 안진훈 박사는 교육 현장에서 수만 명의 학생과 학부모를 만났습니다. 그 결과 학교 성적이 좋은 아이들은 대체로 수학이나 과학을 좋아하는 좌뇌 성향의 아이들이라고 합니다.

"좌뇌형 우등생이나 학부모에게선 휴대폰이 공부에 방해가 된다든가 하는 걱정을 별로 듣지 못했어요. 반면에 우뇌형 아이들의 경우엔 휴대폰이 문제가 될 수 있지요."

대체로 우리나라 아이들의 70% 정도는 우뇌가 강한 성향을 타고 납니다. 우뇌가 강한 성향이란 동시적, 확산적 사고 유형을 말하는데, 이런 성향은 집중해서 순차적으로 머리를 쓰기 어려워합니다. 그 비율과 성향은 여학생에게 더욱 강합니다.

안 박사의 설명을 들어보죠.

"우뇌형 아이들은 집중적 사고보다는 확산적 사고를 잘하는 편입니다. 그래서 공부할 때도 MP3로 음악을 듣거나 휴대폰 문자를 날리거나 딴 짓을 많이 합니다. 천성적으로 한 가지 일에 집중적으로 몰입하는 것을 싫어하고 어려워해요."

물론 이런 특징은 잘만 계발하면 창의적 사고의 바탕이 되기도 합니다. 그런데 문제는 이런 아이일수록 휴대폰에 몰입할 가능성이 높다는 것입니다. 휴대폰의 특성이 끊임없이 생각의 집중을 방해하고 생각과 느낌을 동시적으로 확산하고자 하는 우뇌 성향에 너무 잘 맞기 때문입니다.

우뇌적 성향의 아이들은 논리적 사고나 수학 과목에 약합니다. 따라서 상대적으로 공부에 어려움을 느끼거나 성적이 오르지 않는 경우가 훨씬 많습니다. 그러다 보니 학생들은 성적이나 학교생활에서 오는 스트레스를 벗어나기 위해 휴대폰이라는 자신들만의 공간으로 도피하려는 경향이 강해집니다. 더욱이 동시적, 확산적 성격의 특징은 휴대폰 몰입을 더욱 강화시켜 중독 단계에 이르기도 쉽습니다. 아이러니하게도 자기 통제가 가능한 아이들은 성적도 좋고 공부도 집중해서 할 뿐만 아니라 휴대폰을 그리 즐겨하지도 않습니다.

우리나라 아이들의 유별난 휴대폰 중독 현상에 대한 안 박사의 진단이 일리가 있다고 한다면, 휴대폰에 정도 이상으로 애착을 갖는 대다수 아이들에게 스스로 휴대폰 사용을 통제하기를 바라기는 어려울 것입니다. 그렇기 때문에 아이들이 휴대폰 중독에 빠지지 않도록 적극적으로 나서서 도와야 할 부모의 책임이 더욱 무거워지는 셈입니다.

휴대폰을 버려야 공부 시간이 늘어난다

🙍‍♀️ 서울 신정동에 사는 주부 서 모(38) 씨는 초등학교 5학년 딸을 학원에 보낼 때마다 한바탕 전쟁을 치릅니다. 학원 버스가 도착할 시간이 5분밖에 남지 않았는데도, 딸은 느긋하게 휴대폰 자판을 두드리고 있을 때가 많기 때문입니다. "지각하지 않으려면 빨리 책가방 챙겨서 나가라"고 윽박질러도, 딸은 "아직 시간이 충분하다"며 여유만만입니다. 도저히 참지 못한 서 씨가 직접 책가방을 싸서 어깨에 메어주고 등을 떠밀어야만 신경전은 끝이 납니다.

🙍‍♂️ 초등학교 6학년인 아들(원석이) 친구 동민이는 천진난만한 개구쟁이입니다. 얼마 전 아파트 엘리베이터에서 동민이를 만났습니다. "요즘 왜 우리 집에 자주 놀러 오지 않느냐?"고

물었더니, "공부하느라 시간이 없다"고 천연덕스럽게 대답했습니다.

순간, 부모가 얼마나 과외공부를 많이 시키기에 그럴까, 하고 안쓰러운 생각이 들었습니다. 그런데 아내에게서 이 얘기를 전해들은 동민이 엄마는 "하루 10분 공부하고는 종일 했다고 허풍을 떠는 놈"이라며 실소를 했다고 합니다.

그러고 보니 우리 아들도 다르지 않더군요. 원석이는 또래 남학생들이 그러하듯, 컴퓨터 게임을 즐기는 편입니다. 3학년 2학기 때 게임을 처음 시작했는데, 몰입 정도가 예사롭지 않아 주말에만 하루 1시간씩 컴퓨터를 사용하도록 제한했습니다(방학 때는 하루 30분). 그런데 정해진 규칙대로 게임 시간을 지키는 경우는 극히 드물었습니다. 엄마가 잠시라도 한눈을 팔면 두세 시간을 훌쩍 넘겨 게임에 몰입하는 경우가 다반사로 벌어졌습니다. 그런데도 정작 본인은 "게임을 시작한 지 10분밖에 안됐을 것"이라고 주장합니다. 하지만 시계를 보면 분명히 정해진 시간을 훌쩍 뛰어넘은 경우가 많습니다. 공부할 때의 시간 관념은 정반대입니다. 겨우 10분 정도 공부하고는 1시간 했다고 하고, 1시간 공부해 놓고는 종일 공부했다고 우기는 식입니다.

그런데 아들놈을 가만히 지켜보노라면, 거짓말을 하는 것은 결코 아닌 듯합니다. 게임의 세계에 몰입하다 보니 주관적으로 시간이 조금 흘러갔다고 여기는 것뿐입니다. 자기는 게임을 시작한 지

5분밖에 안 된 것 같은데, 엄마는 "1시간 지났으니 빨리 끄라"고 닦달해 대니 아들 입장에선 분통이 터질 노릇일 것입니다. 이러니 게임을 할 때마다 엄마랑 티격태격하기 일쑤입니다. 반대로 재미없는 공부를 할 때는 시간이 너무 느리게 가기 때문에, 10분 하고도 1시간 넘게 했다고 느끼는 것입니다. 이런 심리 현상은 결국 아이들이 공부하는 절대 시간을 계속 줄어들게 하는 결과를 초래합니다.

심리학자들은 휴대폰과 인터넷 사용이 확산되면서 아이들의 시간 관념이 크게 왜곡되어 간다고 우려합니다. 현란한 동영상 콘텐츠와 다양한 캐릭터, 이모티콘 등이 아이들의 온 정신을 빨아들여 객관적인 시간 관념을 허물어뜨린다는 것입니다. 수십 가지 재미있는 기능을 갖춘 휴대폰 자체에 낭비하는 시간도 엄청날 뿐더러, 시간 관념의 왜곡으로 체계적인 자기 관리가 안 되기 때문에 학교 성적은 내리막길을 걸을 수밖에 없습니다.

"음성통화는 보통 하루에 15번가량 하는데, 가장 길게 통화할 때는 2시간 정도예요. 문자는 하루 150통 정도 오고 갑니다."
"음성통화는 한 번에 약 5분 정도 하고, 하루에 20~30통 정도 써요. 문자는 하루 60통가량 주고받고요."
(서울 지역 중학생)

10대들의 휴대폰 사용량을 정확히 파악하긴 힘듭니다. 음성통화, 문자 전송, 벨 소리 다운, 모바일 게임, 음악 감상, 사진 촬영,

동영상 정보 이용, 스케줄 관리 등 휴대폰의 기능이 무궁무진하기 때문입니다. 초등학교 5학년 누리는 휴대폰에서 울리는 가수 보아의 노래를 들으며 잠에서 깨고, 휴대폰을 충전하며 잠이 듭니다. '나의 분신'이자 '친구와의 관계를 이어주는 끈'인 휴대폰은 잠시도 누리의 손을 떠나는 법이 없습니다.

"아침에 눈을 뜨면서부터 휴대폰을 친구처럼 가까이 하기 때문에 최소한 하루 3시간 이상 이용하는 것 같아요."

많은 부모들이 "공부를 열심히 하겠다"는 자녀의 다짐을 받고 조건부로 휴대폰을 사주지만, '세상에서 제일 재미있는 장난감'을 안겨주면서 공부를 열심히 할 것으로 기대하는 자체가 착각하고 오산입니다. 휴대폰을 사주는 순간부터 아이들의 학습량은 줄어들 수밖에 없습니다. 휴대폰과 직접 접촉하는 시간이 절대적으로 늘어날뿐더러, 친구들과 연락이 쉽게 돼 함께 어울리는 시간 또한 늘어나기 때문입니다.

"휴대폰을 구입한 이후 친구들과 연락이 쉬워져서 주말에 영화를 보거나 공원에 자주 놀러 가요."

"휴대폰을 사용하면서 친구들과 극장이나 노래방에 자주 가는 등 이전보다 더 어울리게 됐어요."

"아무래도 엄마 몰래 연락할 수 있으니까, 친구들과 더 쉽게 연락이 됩니다. 당연히 영화도 많이 보고 채팅도 늘었어요."

"휴대폰이 없을 때에는 친구들이 내게 연락을 못해서 같이 놀지 못하는 경우가 많았어요. 그런데 지금은 다른 일을 하다가도 친구들에게 연락이 와서 쉽게 놀러 갈 수 있으니까, 친구들과의 만남이 잦은 편입니다."

"쉽게 연락이 되다 보니 친구들을 자주 만나게 됩니다. 반면에 책과는 갈수록 멀어지는 것 같아요. 친구들을 만나러 자꾸 밖으로 나가기 때문이죠. 휴대폰 때문에 모르는 사람과도 연락하고 지내니 심심하지 않고 재미있어요."

(〈한국정보문화진흥원〉 '청소년의 휴대전화 사용 실태 조사 연구' 중에서)

학교 선생님들의 반응도 비슷합니다. 저출산 시대를 맞아 한 자녀 가정이 늘어나다 보니, 요즘 엄마 아빠들은 과거의 어느 세대보다 자녀들에게 책을 많이 사준다고 합니다. 그런데 아이들 독서량은 초등학교 저학년 때를 정점으로 내리막길을 걷는 게 현실입니다. 휴대폰과 게임, 동영상 등이 점차 책을 밀어내고 아이들의 눈과 귀를 사로잡기 때문입니다. 선생님들은 이구동성으로 이렇게 말합니다.

"학교 현장에 있다 보면 아이들의 학력이 갈수록 떨어진다는 말을 실감하게 됩니다. 학년이 올라갈수록 학습량은 엄청나게 늘어나는데, 아이들의 독서량은 오히려 줄어들고 집중력도 형편없이 떨어지거든요."

휴대폰을 멀리해야 사고력의 빈곤을 극복한다

 서울 S중학교 박수봉 선생님의 경험담입니다.

"한 학급 학생 35명 중 최소 25명 이상이 휴대폰을 갖고 있습니다. 학년이 올라갈수록 소지 비율과 이용 빈도는 급격히 늘어나지요. 제일 심각한 것은 문자 중독입니다. 몰래 게임을 하는 학생도 분명히 있을 텐데, 희한하게 눈에 잘 띄지 않아요. 그런데 한 학생이라도 책상 밑에서 몰래 문자를 보내면 눈에 정확히 들어오거든요. 동료들도 귀신같이 눈치를 챕니다. 자연히 수업 분위기가 산만해질 수밖에 없지요. 심지어 수업 중에 벨이 울리는 경우도 있고 진동음도 가끔 들리는 편입니다. 전화나 문자가 와도 램프만 켜지도록 무음 상태로 설정해 놓는 학생도 있지만, 십중팔구는 내용이 궁금해 쉬는 시간까지 기다리지 못하고 휴대폰을 만지작거리기 때문에 수업 분위기를 해치기는 마찬가지입니다. 만일 진동이라도 울리게 되면 아이들 시선이 일제히 그쪽으로 쏠립니다. 걸리는 족족 압수하면 하루 대여섯 건이 넘기 때문에, 웬만하면 모른 척하고 넘어갑니다. 주의를 줘도 계속 문자를 보내면 어쩔 수 없이 압수하는데, 보통 하루 1개씩은 압수하는 편입니다. 수업 흐름이 중간중간 끊기다 보면 학습량 자체가 줄어들뿐더러 집중력도 크게 떨어지기 마련입니다. 요즘엔 휴대폰 진동음이 마치 아이들의 성적 떨어지는 소리처럼 들리기도 해요. 무슨 수를 내든지 해야지, 휴대폰 때문에 노이로제에 걸릴 지경입니다."

휴대폰이 청소년의 학업 증진과 정서 함양에 미치는 영향에 대해서는 부정적으로 보는 의견이 압도적으로 많습니다. 휴대폰이 청소년의 일상생활 깊숙이 파고들면서 대다수 학생들이 책을 멀리하고 사고력과 창의력의 빈곤을 드러내는 등 부작용이 심각하다는 것입니다.

앞서 언급한 주부 A씨처럼 '휴대폰은 아이들이 세상과 소통하는 통로'라며 긍정적인 측면을 강조하거나, 감수성이 예민한 청소년들의 일탈 행동을 우려해 휴대폰을 필수품으로 인정해야 한다는 소수 의견도 있기는 합니다. 하지만 일선 교육 현장에서 학생들과 직접 부딪히는 선생님들과 교육 당국의 반응은 절대 다수가 부정적입니다. 휴대폰이 일상적으로 사용되면서 일부 학생의

경우 중독 증세마저 보이는가 하면, 대부분의 학생들도 이로 인해 독서 기피 및 사고력 부족 현상을 보이고 있다는 지적입니다.

서울 S초등학교 이 모 선생님은 "휴대폰에 매몰된 요즘 아이들이 기성세대가 됐을 때 우리 사회가 어떻게 변해 있을까를 생각하면 아득아득 현기증이 날 지경"이라고 걱정합니다.

"호흡이 뚝뚝 끊어지는 즉흥적이고 감각적인 느낌의 짧은 글들만 종일 주고받는 학생들에게서 차분한 독서와 사색이 만들어주는 '생각하는 힘'을 기대하는 게 당할 소리인가요?"

교육학자들의 견해도 크게 다르지 않습니다. 즉흥적이고 감각적인 문자 보내기에 익숙하고 선정적인 동영상 콘텐츠에 몰입하는 학생일수록 비판적인 사고와 논리력 계발을 귀찮아하는 경향이 강합니다. 과다한 휴대폰 사용은 학생들의 사고력과 창의력을 떨어뜨리는 가장 중요한 요인이기도 합니다. 누구나 다 아는 교과서적인 얘기라고 진부하게 여기는 분들도 있을지 모르지만, 공부할 수 있는 힘을 길러주는 핵심은 역시 사고력과 창의력입니다.

그런데 사고력과 창의력은 저절로 길러지는 게 아닙니다. 단기간에 도달할 수 있는 왕도가 있는 것도 아닙니다. 폭 넓은 독서와 다양한 경험, 부모님이나 선생님께 궁금증을 물어보고 대화하면서 나름대로의 생각을 펼치는 훈련을 꾸준히 해야만 길러질 수 있습니다.

24시간 휴대폰에 정신을 빼앗긴 요즘 아이들에게는 생각을 깊이 할 수 있는 마음의 여유가 없습니다. 한 가지 주제에 천착해 진득하니 생각을 펼쳐나갈 기회를 갖기도 어렵습니다. 수시로 울려대는 휴대폰이 아이들의 집중을 방해하고 사고의 흐름을 끊어놓기 때문입니다. 그러나 정작 아이들은 스스로 방해받고 있다는 의식이 별로 없습니다. 단편적이고 즉흥적인 감각에 몰입돼 있을 뿐입니다. 방해받지 않으면서 깊이 있는 사색에 빠져볼 공간도 시간도 없이 어떻게 생각하는 능력을 기를 수 있겠습니까?

　오랫동안 교육 분야에서 일해 온 P씨는 고교생인 두 아이에게 아직껏 휴대폰을 사주지 않고 있습니다. 아이들이 대학에 입학하기 전까지는 절대로 휴대폰을 허락하지 않을 생각입니다. 다행히도 P씨의 두 아이 모두 휴대폰이 없다는 사실에 대해 큰 불평이 없습니다. 물론 처음에는 자기들만 휴대폰이 없다는 사실에 불만을 토로하곤 했지만, 지금은 오히려 휴대폰을 사주지 않은 부모에게 고마움을 느끼고 있습니다. 동료들이 휴대폰 게임과 문자메시지에 열중하고 있을 때, 자신들은 책에 대한 관심을 지속시킬 수 있었기 때문입니다.

　책을 많이 읽는 아이가 공부를 잘하는 것은 너무도 당연합니다. 휴대폰을 하루 1시간 정도 이용한다고 가정하면, 고교 3년 동안 1,095시간(365×3)을 휴대폰 이용에 허비하는 셈입니다. 무려 45일입니다. 게임과 문자에 중독된 아이들의 휴대폰 사용량은 이보다 서너 배 이상 많을 것입니다. 중·고교에서 보내는 13~18세는 인생의 미래를 결정하는 중요한 시기입니다. 연간 수십 일의 시간을 휴대폰으로 헛되이 보내는 아이들과 그렇지 않은 아이들의 인생은 크게 차이가 날 수밖에 없습니다.

부모가 자녀에게 져서는 절대 안 됩니다. 아직 말이 통하지 않는 어린 나이라면 휴대폰을 사달라는 요구를 단호히 거절해야 하고, 초등학교 고학년 이상인 경우엔 대화와 설득을 통해 문제를 풀어가야 합니다. 윗물이 맑아야 아랫물도 맑다는 것은 만고불변의 진리입니다.

엄마 아빠가 휴대폰 사용을 자제하고 아이들과 함께 놀아주며 진정으로 고민을 들어준다면, 아이들도 휴대폰에 매몰돼 소중한 미래를 망치는 일은 없을 것입니다. 아이들의 휴대폰에 대한 태도는 부모들의 뚜렷한 주관과 의지에 달려 있다는 게 P씨의 생각입니다.

논술 과외보다 휴대폰 통제가 우선이다

초등학교 5학년 외아들을 둔 주부 김미선(37) 씨는 일기 숙제를 시킬 때마다 한바탕 전쟁을 치릅니다. 아들이 일기 쓰기를 너무나 싫어할 뿐더러 두세 문장 정도로 끝마치는 경우가 허다하기 때문입니다. 표현도 '왕~ 짜증' '즐' '당근이지' '8282(빨리빨리)' 'ㅋㅋㅋ' 따위의 친구들과 문자를 주고받을 때 쓰는 약어나 채팅용어를 그대로 사용합니다.

대학에서 국문학을 전공한 미선 씨는 "오늘 있었던 일 중에 가장 기억나는 일 하나를 골라 떠오르는 생각을 그대로 써내려가보라"고 권하지만, 아들은 "글씨 쓰는 게 귀찮고 어떻게 써야 할지 모르겠다"며 오히려 역정만 냅니다. 할 수 없이 달려들어 도와주기는 하지만, 거의 매일 아들 일기를 대신 써주는 자신의 모습이 한심스럽기만 합니다.

"짱 나. ㅡ_ㅡ 너 지금 뭐하삼? 나 아까 지현우 오빠 도촬한 거 뽀샵질하고 있어. 샤방 웃고 있는 모습 지대 좆탕."

(짜증 나. 너 지금 뭐해? 나 아까 지현우 오빠 몰래 찍어온 사진을 포토샵으로 손질하고 있어. 환하게 웃는 모습이 정말 좋아.)

"안뇽! ㅋㅋ 머하셈? 훔^^ 난 걍 잇엉~ 오늘도 조은 하루 되셈."

청소년들이 문자메시지를 보낼 때 흔히 쓰는 말입니다. 10대들의 언어에 익숙하지 않은 부모들이 휴대폰으로 문자 보내기가 생활화된 자녀들의 대화 내용을 이해하기란 거의 불가능합니다. 기호를 활용한 이모티콘이나 새로운 단어가 너무 많이 등장하기 때문이죠.

'90000(그만)' '20000(이만)' '486(사랑해)' '^_^(기분 좋을 때)' 'ㅡ_ㅡ(별로 기분 안 좋을 때)' 'zZ(잠 잘 때)'

휴대폰을 주로 음성통화 용도로 쓰는 기성세대가 이런 식의 특수기호나 약어를 이해할 리가 없습니다.

문제는 이런 잘못된 언어활동이 일상생활에도 그대로 적용된다는 점입니다. 학교 선생님들은 요즘 아이들이 인터넷에서 흔히 쓰는 언어를 교실에서도 스스럼없이 사용하며, 띄어쓰기나 맞춤법도 틀리는 경우가 너무 많다고 지적합니다. 이런 식의 왜곡된 언어 사용은 아이들의 학습 과정에 반영될뿐더러, 논술이나 입사시험 등 장래에까지 악영향을 미치게 됩니다. 당연히 일선 학교 선생님들 사이에선 아이들의 글쓰기 방식에 대한 우려가 팽배합니다. 자기 생각을 논리적으로 표현하는 능력이 갈수록 중요해지고 있지만, 감성적인 단문 위주의 문자메시지에 길들여진 아이들의 글쓰기 능력은 오히려 퇴보하고 있기 때문이죠.

> "7년째 모둠일기를 쓰게 하는데 모둠일기에 담기는 내용이 최근 들어 많이 달라졌습니다. 예전에는 '영화 검열'이나 '공주병 현상' 등의 특정 주제를 놓고 논쟁이 붙었는데 요즘은 그런 글을 찾아보기 어렵습니다. 예전에는 자기 '생각'을 많이 표현했다면 지금은 '감정' 표현이 대부분입니다. 변화된 아이들의 소통 방식, 글쓰기 방식이 휴대폰 문자메시지에서 그대로 드러나고 있습니다."
>
> (서울 명덕외고 교사, 『중등 우리교육』 2000년 9월호 중에서)

실제 자녀가 책을 좋아하고 독서량이 많은 편인데도 국어 성적이 형편없다고 말하는 엄마 아빠를 종종 보게 됩니다. 교사들도 비슷한 생각입니다. 조기 유학과 해외 어학연수가 급증하면서 영어 성적은 이전보다 많이 향상됐지만, 국어 실력은 갈수록 떨어지고 있다는 것입니다. 서울 B초등학교 김 모 선생님은 "독서 교육을 시켜보면 책을 아주 빠른 속도로 읽는 애들이 많아요. 그런데 책을 읽은 뒤 내용을 물어보면 제대로 말하는 아이들이 거의 없어요. 눈으로는 분명히 글을 읽고 있는데, 문장이 두 줄만 넘어가면

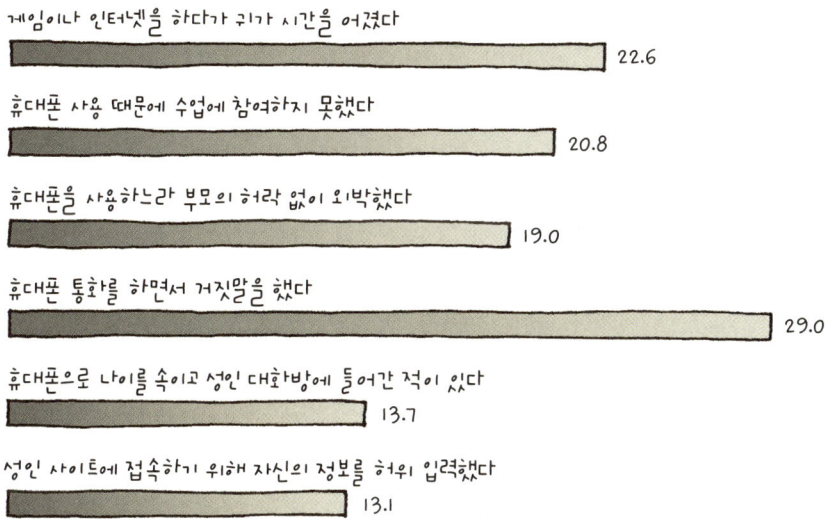

2005년 7월 수도권 지역 중·고생 1,088명 조사 결과, 복수응답
(자료: 한국정보문화진흥원)

앞부분을 잊어버리는 애들이 대부분이에요."라고 설명합니다.

서울 D여고 이지혜(국어 담당) 선생님은 휴대폰 문자 탓에 아이들의 국어가 엉망이 되어가고 있는 현실을 이렇게 증언합니다.

"어렸을 때부터 휴대폰, 컴퓨터 등의 디지털기기에 물든 아이들은 자기 생각을 그때그때 즉흥적으로 쏟아내는 데 익숙합니다. 생각을 머릿속에 담아두지를 않는 거지요. 두 줄이 넘어가는 문장은 손이나 펜으로 짚어가며 읽습니다. 두 개 이상의 문장이 접속사나 복문의 형태로 이어질 경우 설명을 하기가 갈수록 어려워집니다. 두괄식으로 설명하거나 양괄식으로 강조하는 설명을 취하게 돼요."

어휘력도 갈수록 떨어지고 있습니다. 다음 역시 이 선생님의 경험담 한 토막입니다.

"지난해 12월 교실에서 화상 TV로 방학식을 진행하는데, 한 학생이 상장을 받았어요. 교장 선생님이 '위 학생은 애교심이 뛰어나……'라고 상장 내용을 읽어나가자, 애들끼리 쑥덕거리더군요. 한 학생이 '애교를 잘 떠는데 무슨 상이냐?'고 하자, 다른 학생이 '그 애교가 아닌 것 같은데'라는 반응을 보였어요. 믿기 어렵겠지만, 요즘 아이들 어휘력이 실소를 자아낼 정도로 형편없는 게 현실입니다."

이 선생님은 대학 입시에서 논술의 중요성이 갈수록 강조되고 있지만, 아이들의 '현실'을 절감하고 있기에 철학적이거나 어려운 주제로 글을 쓰게 할 생각은 아예 하지 못한다고 말합니다. 아이들에게 글쓰기를 시켜보면 우리 한글이 표음문자(한글이나 로마문자와 같이 사람의 말소리를 기호로 나타내는 문자)라는 생각을 뼈저리게 느끼게 된다는 것입니다. 상당수 아이들이 한글을 소리가 나는 대로 적을 뿐더러 %, ★, ♥, * 등의 특수기호나 이모티콘을 쓰는 경우도 많습니다. 때문에 국어 수업을 할 때는 맞춤법이나 낱말 뜻을 풀어주는 설명까지 곁들여야 합니다. 몇 년 전에는 생각도 못했던 수업 방식이 고등학교 교실에서 버젓이 벌어지고 있는 것입니다.

아이들의 일상 언어는 이미 약어나 비속어에 심각하게 물들어 있습니다. 서울 I초등학교 진 모 선생님은 "요즘 아이들의 대화를 듣다 보면 차마 입에 담기 어려운 민망한 욕설들을 아무 거리낌 없이 사용하는 경우가 많아 걱정스럽다"고 말합니다. 실제 지하철이나 버스 등 공공 장소에서도 상스러운 욕설이나 비속어를 흔히 들을 수 있습니다. 인터넷 게시판이나 채팅에서 난무하는 욕설이나 비속어가 자연스럽게 아이들에게 전염된 탓입니다. 휴대폰과 인터넷을 일상적으로 사용하면서 아이들이 아무런 제약 없이 자신들의 감정을 원색적으로 표출하다 보니, 주위를 의식하지 않고 저속한 말을 함부로 쓰게 되는 것이죠.

청소년들은 대부분 "대입 논술이 힘들다, 어렵다"고 아우성을 칩니다. 대학들이 지나치게 현학적인 주제나 제시문을 내놓는 것도 문제이긴 하지만, 대입 논술의 내용과 학생들의 생활언어가 현격한 차이를 보이는 게 가장 큰 원인입니다. '나'라는 1인칭의 세계에 충실한 디지털 시대의 아이들에게 보편성이나 논리를 기반으로 한 사고체계는 전혀 다른 세상일 수밖에 없습니다.

일선 선생님들은 이구동성으로 휴대폰이 국어 성적을 떨어뜨리는 주범이라고 말합니다. 휴대폰이 초등학생에게까지 급속히 확산되면서 동영상 콘텐츠에 물든 게 주원인이라는 것입니다. 초등학생들은 일반적으로 책을 좋아하고 독서에 흥미를 느끼지만, 영상 콘텐츠를 접하는 순간부터 책에서 멀어집니다. 영상물이 훨씬 재미있고 중독성도 강하기 때문이죠.

"자녀에게 휴대폰을 사주는 것은 국어 점수를 포기하겠다는 말과 다름없다"고 극단적으로 말하는 선생님도 계십니다. 아이들이 휴대폰에 몰입하기 시작하면 책을 두 줄만 읽어도 마음은 금세 책을 떠납니다. 그저 눈이 가는 부분에만 집착하고 그걸로 끝입니다. 즉흥적이고 감각적인 휴대폰 문화에 익숙해져 긴 문장은 읽어낼 수 있는 인내력이 턱없이 부족해진 탓입니다. 글쓰기 능력은 더 말할 나위가 없습니다. 문자메시지에 익숙하다 보니 40자 이내의 단문 쓰기에 길들여져 긴 호흡의 논리적인 글쓰기는 너무 힘이 부칩니다.

지난해 말 신입사원 면접을 치렀던 대기업의 한 임원은 자기소개서에 채팅용어나 약어를 쓴 젊은이들이 너무 많아 깜짝 놀랐다고 합니다. 본인들은 재치를 보여준다고 여길지 모르지만, 문자를 보낼 때 쓰는 약어나 특수기호 등을 쓴 경우엔 당연히 감점 요인이 됩니다.

요즘 웬만한 기업들은 입사 경쟁률이 보통 100대 1을 넘습니다. 청년 실업이 심각한 탓입니다. 입사 시즌이면 인사부 직원들은 골이 아파올 지경이라고 합니다. 우수 인력이 워낙 많아 누구를 뽑아야 할지 모를 정도로 고민이 되기 때문이죠. 이런 상황에서 문자에 중독된 신세대가 별 생각 없이 적어낸 채팅용어나 약어 표현은 당락을 좌우하는 결정적인 요인으로 작용하게 됩니다.

실제로 채용포털 〈커리어〉가 작년 10월 기업 인사 담당자 50명을 조사한 결과, 92%가 '비표준어를 사용하거나 맞춤법이 틀린 자기소개서를 본 적이 있다'고 답했습니다. 이중 80.4%는 띄어쓰기나 오타 등 맞춤법 오류가 매우 심각하다고 지적했고, 지원서에 비표준어나 맞춤법 오류를 사용한 구직자도 15.8%나 됐습니다.

가장 많이 발견된 비표준어(중복 선택)로는 42.9%가 채팅용어를 꼽았고, 이어 외래어(26.2%), 이모티콘(21.4%), 비속어(7.1%), 은어(2.4%) 등의 순이었습니다. 맞춤법 오류 사례로는 '했습니다→했읍니다', '며칠→몇일', '현재→현제', '얘기→애기', '뭐하는→머하는', '지향해야→지양해야', '열심히→열심이', '많이→맍이 또는 마니' 등이 지적됐습니다. 채팅용어와 이모티콘으로는 '안녕하세여~', '임니당', '했슴돠', '뽑아주세염', 'ㅋㅋㅋㅋ', 'ㅎㅎㅎㅎ', '즐~', 'TT', '^^;;', '*^^*' 등이 많았습니다.

평소 이 같이 왜곡된 언어생활을 하는 사람은 신입사원 채용 과정에서 불이익을 당할 가능성이 큽니다. 인사 담당자의 76.1%는 축약어나 비속어를 사용하면 감점 요인이 되거나(41.3%), 감점의 고려 대상이 된다(34.8%)고 답했고, 불합격 대상이 된다는 비율도 17.4%나 됐습니다. 대기업 인사 담당자의 말을 직접 들어볼까요?

"지원자의 연령이 낮을수록 채팅용어와 외래어를 남발하는 경향이 있는데, 독창성과 친밀함을 강조하려고 국적 불명의 채팅용어나 이모티콘을 입사지원서에 함부로 쓸 경우 탈락을 각오해야 합니다."

휴대폰이 쉬어야 소통이 회복된다

 서울 상도동에 사는 주부 김민숙(39) 씨는 초등학교 6학년 외아들이 요즘 자신을 피한다는 느낌이 들어 우울합니다. 처음엔 사춘기여서 그러려니 하고 넘어갔지만, 갈수록 자기 방에 틀어박혀 나올 생각을 하지 않고 부모와도 대화를 나누지 않아 겁이 날 정도입니다.

아들은 방과 후나 학원에서 돌아오면 무조건 자기 방으로 들어가버립니다. 가끔 간식거리를 가지고 들어가면 휴대폰으로 문자를 보내고 있을 때가 많습니다. "뭐 하느냐?"고 넌지시 물어보면, "아무것도 아니에요"라고 뾰로통하게 대답하곤 합니다. 휴대폰 요금이 월 10만 원 이상 나올 때가 많지만, 아들이 애지중지하는 휴대폰을 문제 삼으면 관계가 더 서먹서먹해질까봐 속으로만 삭이고 있습니다.

민숙 씨는 1년 전 아들에게 휴대폰을 사줬습니다. "나만 휴대폰이 없어 '왕따'를 당하고 있다"며 생일 선물로 사달라고 두 달이나 졸라댔기 때문입니다. 민숙 씨는 휴대폰을 사주는 게 아들과 좋은 관계를 맺는 데 도움이 될 것으로 생각했지만, 결과는 딴판이었습니다. 외아들이라 애지중지 키워 온 데다, 붙임성이 있어 엄마를 잘 따르던 아들이 문자메시지에만 쏙 빠져버린 것입니다.

초등학교 6학년 영란이의 휴대폰에는 300명이 넘는 친구들의 전화번호가 입력돼 있습니다. 문자를 보낼 때도 대개 100~200명씩 집단으로 보냅니다. 수업 중이거나 식사 시간을 가리지 않고 수시로 친구들과 문자를 주고받습니다. 메신저에 등록된 친구도 200명이 넘습니다. 컴퓨터를 켜고 메신저 로그인을 하면 보통 수십 명의 친구들이 알은체를 해옵니다. "뭐해?" "재미있냐?" 등 가벼운 인사만 나눠도 한두 시간이 훌쩍 지나갑니다.

요즘 아이들은 말과 스킨십 대신, 휴대폰 문자로 소통하기를 더 즐깁니다. 잠시도 쉬지 않고 하루에도 수백 통씩 문자를 '날립니다'. 문자메시지 수신 회수가 자신의 존재감을 드러내는 상징이라도 되는 양, 언제 어디서나 문자를 주고받습니다. 샤워를 하거나 화장실에서 일을 볼 때도 쉼 없이 버튼을 누릅니다. 문자가

뜸하면 외로움을 느끼고, 문자가 계속 날아오면 관심을 받고 있다는 생각에 기분이 좋아집니다.

그렇다면 소통의 질은 어떨까요? 어른 입장에서 아이들 사이에 오가는 문자들을 보자면 대부분 '시답지 않은' 내용들입니다. '뭐 하냐?' '무슨 시간이냐?' '지금 공부하기 싫다.' '학교 끝나고 보자.' '심심하다.' '졸립다.' '재미있냐?' '놀자.' '나는 ○○한다.'

대부분 상황과 감정에 대한 단순한 표출입니다. 서울 S중학교 박수봉 선생님은 "대부분의 학생들이 습관적으로 문자를 보냅니다. 내용을 들여다보면 더욱 가관입니다. '시험 범위는 어디니?' '지금 뭐해?' '내일 뭐할 거야?' 따위의 별로 중요하지 않은 내용들입니다. 말로 간단히 전달할 수 있는 내용도 반드시 문자를 이용합니다. 서로 얼굴을 맞대고 대화를 나누는 문화가 사라지는 것 같아 안타깝습니다"라고 말합니다.

1970년대 중반에 중학교를 다녔던 박 선생님은 휴대폰과 인터넷이 없던 그 시절, 중학생들의 낭만과 지적 성취가 상당했던 걸로 기억합니다.

"당시에는 제대로 이해를 하지 못하면서도 요즘 아이들이 철저히 외면하는 동서양의 난해한 고전들을 돌려가며 읽고 토론했던 걸로 기억합니다. '어려운 책을 끝까지 읽어냈다'는 성취감을 만끽할 때마다 어른이 돼가고 있다는 생각에 뿌듯했어요. 휴대폰으로 소통하는 아이들이 이런 재미를 알기나 할까요?"

"아이들은 소통하려 하고 관계를 맺어나가려고 하지만 실제로 소통하는 법, 관계를 맺는 법을 잘 모르고 있습니다. 학교에서도 가르쳐주지 않는 데다가 광고나 TV 드라마 등이 피상적인 관계를 부추기고, 아이들은 그것에 휘둘리고 있는 듯합니다."(서울 고명중 교사)

"(아이들은) 상대방이 듣든지 말든지 자신의 얘기를 쏟아놓고 있는 듯합니다. 내용을 나누려고 하기보다 메시지를 보내는 행위 자체, 받았다는 사실 자체를 즐기고 있습니다."(전남 여천고 교사)

'참을 수 없는 소통에의 욕망'을 드러내는 아이들에게서조차 휴대폰 소통의 문제점을 우려하는 목소리가 나오고 있습니다. 그만큼 휴대폰이 인간관계를 황폐화시키고 있다는 반증이겠지요.

"문자메시지를 보낼 때는 채팅할 때랑 느낌이 좀 비슷해요. 하고 싶은 얘기를 속 시원히 할 수 있고, 말로 하기 어색한 말도 할 수 있고, 재미있는 장난도 치고. 그런데 인간관계가 가벼워지는 게 아닐까 걱정이 되기도 해요. 언젠가 친구한테 사과할 일이 생겼는데, 문자로 '미안하다'고 쓰긴 쓰는데 말이나 편지로 할 때랑 느낌이 다르더군요. 그냥 '간단히 문자를 보내면 끝이다'라는 생각도 들고, 진짜 미안한 건지도 모르겠고."(10대 청소년)

"만나서 애기하는 것과 휴대폰을 통해 애기하는 것은 당연히 다르잖아요. 직접 만나서 애기하면 애기할 수 있는 것도 더 많아지고 친구 사이도 더 깊어질 텐데……. 문자메시지로는 한계가 있어요. 그런데, 직접 만나기 귀찮고 그러니까 자꾸 문자를 보내게 되고. 인간관계가 기계에 의해 조종되는 측면이 있는 것 같아요."(10대 청소년)

 "휴대폰이 친구 관계를 가볍게 하는 것 같아요. 문자를 많이 주고받으니까 말을 많이 하기는 하는데, 그때마다 그 친구에 대한 생각을 하느냐 하면 그렇지는 않은 것 같아요. 휴대폰으로 문자메시지를 보내면서 친구들 사이에 편지 쓰는 기회가 확실히 많이 줄어들었어요. 편지를 쓸 때는 그래도 친구 생각을 구체적으로 하게 됐었는데."(10대 청소년)

(『중등 우리교육』 2000년 9월호 중에서)

극동대 연구팀이 휴대폰을 갖고 있는 서울 지역 중학생 8명을 심층 면접한 결과, 휴대폰에 입력된 친구의 전화번호 수는 최소 50개에서 최대 135개나 됐습니다. 심리학자들은 휴대폰을 소지한 아이들은 영란이와 같이 '과잉관계hyper-relation'에 빠질 위험이 크다고 경고합니다.

휴대폰은 개인적으로 사용하는 디지털기기여서 주변 사람이 통제하기가 무척 어렵습니다. 더욱이 문자와 동영상 등 각종 정보가 걸러지지 않은 상태로 전달되기 때문에 자기 의지와는 무관하게 과잉 인간관계를 맺게 될 가능성이 커집니다. '통제할 수 없는 관계'의 확대는 불필요한 시간 낭비를 초래하고 학습량 감소로 연결될 수밖에 없습니다.

　가족 관계도 소홀해집니다. 부모와의 대화가 부족한 아이들은 성적도 좋지 않습니다. 아이들의 문제해결 능력은 자기 연령대를 뛰어넘기 어려운 게 일반적입니다. 부모와의 대화를 통해 잘못된 생활 습관을 교정하고 새로운 학습 정보를 꾸준히 제공받는 아이들의 성적이 휴대폰에 매몰된 아이들보다 나은 것은 너무도 당연합니다.

　휴대폰 소통의 범람은 성숙한 인간관계의 형성을 방해하는 데서 멈추지 않습니다. 학습 측면에서도 상당한 악영향을 끼칠 수밖에 없습니다. 논리적인 글쓰기는 단순히 '표현 능력'의 문제가 아니라 '대화'의 연장선상에 있다고 봐야 합니다. '대화'란 자기 생각을 정리해서 전달하는 언어구사 능력의 핵심입니다. 일상생활에 관한 잡담이든, 사회적 현상에 대한 토론이든, 감수성이 예민한 시기에 얼굴을 맞대고 수없이 '대화'를 나누며 논리적인 사고 체계를 만들어가는 아이들과 휴대폰으로만 소통하는 아이들의 학습 효과는 큰 차이가 날 수밖에 없습니다.

휴대폰이 사라지면 교실이 살아난다

경기도 안양시 귀인중학교는 2005년 3월 학생들이 교내에서 휴대폰을 사용하지 못하도록 교칙을 바꿨습니다. 휴대폰 사용은 물론, 학교에 가져오는 것도 금지했습니다. 이후 어느 교실에서나 흔히 들을 수 있던 휴대폰 벨 소리가 완전히 사라졌습니다.

만일 휴대폰을 가져왔다가 들키면 2주 동안 압수되고 벌점 1점이 부과됩니다. 한 학기 동안 벌점 20점을 넘으면 각종 시상에서 제외됩니다. 시험 때의 규정은 더욱 가혹합니다. 1교시 시작 전에 담임 선생님에게 휴대폰을 내놓지 않았다가 도중에 들킬 경우 무조건 부정 행위로 간주됩니다. 학교는 대신 학생들의 불편을 덜어주기 위해 수신자 부담 전화 두 대를 설치했고, 학생들이 교무실 전화도 자유롭게 이용할 수 있도록 했습니다. 휴대폰 퇴출운동을 주도한 이 학교 선생님의 설명을 들어보죠.

"사실 휴대폰은 공동체 의식의 마지막 보루인 학교까지 위협하는 존재였어요. 한 아이가 최신 휴대폰을 가져오면 교실 분위기가 금방 술렁거립니다. 힘이 약한 아이들의 전화를 빌려서 유료 인터넷 서비스를 이용하는 아이들도 있어요. 지금은 어떻게 변했냐고요? 남학생들은 먼지를 휘날리며 우당탕 뛰어다니고, 여학생들은 팔짱을 끼고 이곳저곳을 돌아다니며 수다를 떨어요. 교내 곳곳이 부쩍 시끄러워졌습니다. 학교다워진 거죠."

처음엔 불만을 토로하던 학생들도 지금은 학교 방침을 적극 반기고 있습니다. 기계에 종속돼 메말랐던 학교 생활이 달라지자 휴대폰이 사실은 애물단지였음을 깨닫게 되었기 때문입니다. 수업 중에 문자를 보내던 풍경이 사라지고, 친구들과 격의 없이 어울려 대화와 토론을 하는 등 수업 분위기도 훨씬 화기애애하게 변했습니다. 아예 휴대폰을 없애버린 학생도 여러 명이라고 합니다.

충청남도 공주시 한일고는 공주 외곽 농촌 마을에서도 1km가량 산길로 접어들어야 찾을 수 있는 농어촌 지역 자율학교입니다. 전교생 500여 명이 기숙사 생활을 하고 있죠. 그러나 시골학교라고 만만하게 봤다간 큰코다칩니다. 2005년 대학입시에서 전체 수험생(167명)의 62%가 서울대, 연세대, 고려대, 한국과학기술원 KAIST 등 이른바 '명문 대학'에 합격했습니다. 2003년과 2004년에도 각각 42%, 58%의 명문대 합격률을 보였습니다. 작년 가을 입시전문 평가기관 D사가 실시한 전국 학력평가에서 1, 2학년 모두 전국 1위를 기록했습니다.

　이 시골 학교의 놀라운 학업성취의 비결은 도대체 무얼까요? 일부에서는 "집단 기숙사 생활을 하며 스파르타식으로 학생들을 몰아붙인 게 아니냐"며 '삐딱한' 시선으로 보기도 하지만, 학생들의 반응은 전혀 다릅니다. 학생들은 교정에서 선생님을 만나면 90도로 절을 합니다. 누가 시켜서가 아닙니다. "권위적이지 않고 알찬 수업을 이끌어주시는 선생님께 존경심을 느낀"다는 마음의 표시라고 합니다. 교사들이 학업 측면에서 가장 신경 쓰는 부분은 학생들의 '집중력'입니다.

　집중력을 키우는 가장 간단한 방법은 학생들의 집중력을 방해하는 원인을 제거해 주는 것입니다. 이 학교는 1999년부터 학생들의 정신 집중을 방해하는 휴대폰의 소지를 일절 금지하는 학칙을 실행하고 있습니다. 휴대폰이 수업 분위기를 방해할 뿐만 아니라 학생들의 정신 건강도 해친다는 이유에서입니다. 학생들이 휴대폰을 갖고 있다가 적발되면 '1차 경고, 2차 학부모 통보' 등 엄한 학칙이 적용됩니다.

　대신 기숙사와 교내에 설치된 공중전화를 이용할 수 있지만, 공중전화 이용 시간도 자유 시간 및 휴식 시간, 새벽 1시까지로 엄격히 제한됩니다. 통화도 3분 이내로 용건만 간단히 해야 합니다. 컴퓨터 이용 역시 일주일에 두 시간 이내로 제한되며, 교과 과정 이외의 인터넷 사용은 금지됩니다. 학생들은 "휴대폰이 없으니 절대적인 학습량이 늘어날뿐더러 생각하는 훈련이 절로 된다"

고 이구동성으로 말합니다. 사교육을 금지한 것도 이 학교의 특징입니다. 학원 의존형 공부에 익숙한 학생들에게 혼자 공부하는 습관을 길러주기 위한 목적입니다. 결국 공부의 성패는 스스로 찾아서 공부하는 습관이 좌우하기 때문이죠.

전북 부안여고는 고3 수험생을 중심으로 휴대폰 사용에 대한 자율 규정을 만들어 학생들이 자발적으로 참여하도록 유도하고 있습니다. 전교생을 대상으로 가정 방문을 실시, 학부모에게 휴대폰 교육의 중요성을 홍보하고 학급회의를 통해 휴대폰 에티켓 교육도 실시하고 있습니다. 그 결과 수업 중 휴대폰을 사용하는 학생이 많이 줄었고, 수업 집중도와 학습 분위기가 좋아졌으며, 학생들의 자제력이 높아지고 학생 간 대화 시간도 크게 늘어났습니다. 서울 수도여고도 휴대폰 사용을 금지하진 않지만, 학생들 스스로 휴대폰 사용에 대한 통제력을 키울 수 있도록 휴대폰 에티켓 캠페인을 벌이고 있습니다. 학생들 스스로 무분별한 휴대폰 사용에 대한 부작용을 토론하고 함께 해결책을 제시하도록 유도하는 것입니다.

휴대폰이 우리 사회에 본격 등장하기 시작한 것은 불과 8년 전입니다. 10대 청소년들에게까지 보급되기 시작한 것은 더욱 최근의 일입니다. 휴대폰은 불과 3~4년 사이 우리 청소년의 90%가량이 보유할 정도로 폭발적으로 확산됐습니다. 이렇듯 각광받던 휴대폰이 요즘 학교에서 쫓겨나고 있습니다. 왜 그럴까요? 위 사례에서와 같이 휴대폰이 사라진 뒤 학교 분위기가 어떻게 바뀌었는지를 보면, 그 이유를 쉽게 알 수 있을 것입니다.

'휴대폰 안 가지고 다니기' 운동을 벌이는 학교들의 공통점은 휴대폰 소지를 허용할 때보다 학교가 더 소란(?)스러워졌다는 점입니다. 하지만 점심 시간이나 쉬는 시간에만 소란스러울 뿐, 수업 분위기는 훨씬 더 진지해졌다는 게 선생님과 학생들의 일치된 의견입니다.

수업 중에도 휴대폰으로 소통하던 아이들이 휴대폰이 사라지자 자연스럽게 수업에 집중하게 되었고, 반대로 쉬는 시간에는 친구들과 격의 없이 어울려 10대 나름의 건강한 분위기를 연출한다는 것입니다. 처음에는 친구들과 연락이 잘 안 돼 고립감을 느끼던 학생들도 집중력이 향상되고 수업 분위기가 호전되자 '휴대폰 없는 학교 만들기 캠페인'에 적극 호응하고 있습니다. 이들 학교는 신입생이 들어올 때부터 '휴대폰 휴대 금지'라는 교칙을 주지시키고 압수한 휴대폰을 졸업 때 돌려주는 등 엄격한 벌칙을 적용합니다. 대신 공중전화 설치를 늘리고 교장실이나 교무실 전화도 학생들에게 개방하는 등 전화 사용의 편의를 최대한 보장해 줍니다.

1_ 절제력이 생길 때까지 구입을 최대한 늦춰라!
2_ 휴대폰 사용 규칙을 함께 만들어라!
3_ 자녀 명의로 가입하라!
4_ 공부할 때는 반드시 휴대폰을 꺼라!
5_ 문자 사용량을 통제하라!
6_ 무선인터넷 서비스는 원천 봉쇄하라!
7_ 휴대폰을 절대로 학교에 가져가지 말라!
8_ 딸에게 더 세심한 주의를 기울여라!
9_ 일주일에 한 번 휴대폰도 쉬게 하라!
10_ 부모와 교사가 모범을 보여라!

자녀 휴대폰 사용 교육 10계명

4

우리 아이 휴대폰 중독 이렇게 극복했다

중소 제조업체의 총무부장으로 일하는 박철수(42·가명) 씨 가족의 한 달 수입은 약 300만 원. 수입은 일정한데 씀씀이는 커져 가계 꾸리기가 갈수록 힘겹기만 합니다. 특히 최근 들어 가계에 압박을 많이 주는 지출 항목이 통신비입니다. 5년 전만 해도 가계 지출의 1~2% 수준에 불과하던 통신비가 지난해부터 10% 이상으로 늘어난 것입니다. 원인은 물론 휴대폰입니다. 초등학교 6학년 딸과 중학교 2학년 아들, 전업주부인 부인 등 가족 4명 모두 휴대폰을 갖고 있기 때문이죠. 휴대폰 사용 요금은 대개 월 40만 원 가량 나옵니다. 외부 활동이 많은 박 씨가 월 15만 원, 부인이 5만 원, 아이들이 각각 10만 원 정도씩 사용합니다.

큰아들은 월 5만 원, 둘째딸은 3만 원의 용돈을 받고 있지만, 휴대폰 사용료를 해결하기에도 턱없이 부족합니다. 방학 때면 아이들이 아르바이트를 해 조달하기도 합니다. 그래도 한 달 300만 원의 수입 중 아이들 통신비로만 3% 넘게 지출한다는 게 분명 정상은 아닙니다. 그래서 매달 과다한 휴대폰 사용 요금을 놓고 아이들과 언쟁을 벌이기 일쑤입니다. 통신비를 월 5만 원 내로 줄이지 않으면 휴대폰을 압수하겠다고 으름장을 놓기도 했지만, 한번 사준 휴대폰을 회수하기는 쉽지 않았습니다.

딸은 문자 마니아입니다. 잠시라도 휴대폰이 손을 떠나면 불안해서 어쩔 줄을 모릅니다. 전화가 오지 않아도 끊임없이 휴대폰을 만지작거립니다. 수시로 새 메시지가 왔는지 확인하고 습관적으로 친구들에게 문자를 날립니다. 엄마가 밥 먹으라고 몇 번을 애기해도 듣는 둥 마는 둥 문자만 보내다가 혼이 난 적도 여러 번입니다. 아이는 "손에 휴대폰을 쥐고 있어야 마음이 편하다"고 말합니다. 물론 박 씨는 딸이 종일 휴대폰만 갖고 노는 게 영 못마땅합니다. 그는 "유행에 민감한 10대 초반 여학생들이 휴대폰을 갖고 싶어하는 심정은 이해가 가지만, 자신의 욕구를 자제할 줄 모르고 지나치게 몰입하는 것은 큰 문제"라고 걱정합니다.

오빠도 동생에게 지지 않습니다. 보통 하루 100통 이상의 문자를 날리는 것은 물론, 게임도 거의 중독 수준입니다. 특히 수시로 무선인터넷에 연결해 고스톱 게임을 즐깁니다. 최근 가입한 인터넷 도박 사이트는 고스톱 머니를 무료로 주는데다 사은 경품까지 내걸어 더욱 매력적입니다. 수업 중에 몰래 고스톱 게임을 즐기다가 선생님에게 들켜 두 번이나 휴대폰을 빼앗기기도 했습니다. 휴대폰을 압수당하면 종일 마음이 심란해 당장 엄마 휴대폰으로 눈길을 돌립니다. 수단 방법을 가리지 않고 엄마를 졸라대 휴대폰을 빌려 쓸 때가 많지만, 엄마가 외출할 일이 있어 곤란하다고 하면 학교에 가지 않겠다고 막무가내로 떼를 쓰기도 합니다.

휴대폰 사용이 중독 단계에 이르면서 아이들의 대인관계도 크게 변했습니다. 평소 가깝게 지내던 사촌들과의 왕래가 끊긴 것은 물론, 엄마 아빠와의 대화도 거의 사라졌습니다. 학교나 학원에서 돌아오면 곧장 방에 틀어박혀 밤늦도록 휴대폰만 만지작거리거나 잘 때도 휴대폰을 손에 쥐고 잠이 드는 광경이 일상이 돼버렸습니다. 이렇게 병적으로 휴대폰에 집착하면서 다른 취미 활동이나 학교 생활은 당연히 소홀해졌습니다. 박씨는 "아이들이 휴대폰과의 소통에만 집착하다 보니 가족 관계 속에서 느끼는 현실감이 떨어져 정상적인 성격 형성에도 지장을 받는 것 같다"고 당시 상황을 진단했습니다.

보다 못한 박 씨 부부는 지난해 겨울방학 시작과 동시에 아이들의 휴대폰을 빼앗아버렸습니다. 딸은 "다시는 휴대폰 때문에 엄마 아빠 속을 썩이지 않겠다"고 울며불며 눈물로 애원했고, 아들은 화가 머리끝까지 나서 가방을 내던지고 밖으로 나가버렸습니다. 그래도 박 씨 부부는 휴대폰을 돌려주지 않았습니다. 아이들이 자칫 나쁜 길로 빠지지 않을까 불안하기도 했지만, 여기서 밀리면 아이들의 미래를 망칠지 모른다는 두려움이 더 컸기 때문이죠.

　부모에게 눈길조차 주지 않고 적대시하던 아이들이 시무룩하니 풀이 죽은 며칠 뒤, 박 씨 부부는 평소 아들과 딸이 갖고 싶어 하던 음악 CD와 곰돌이 인형을 사주며 화해를 시도했습니다. 그리고 다시 며칠이 지난 뒤 "전문가 선생님이랑 바람직한 휴대폰 사용법에 대해 딱 한 번만 같이 얘기해 보자"고 설득해 청소년 센터를 찾아가 전문가의 상담을 받도록 유도했습니다.
　신문에서 휴대폰에 심하게 몰입하는 아이들 중에는 우울, 불안, 적응 장애 등 정신적인 문제가 같이 동반되는 경우가 많다는 기사를 봤기 때문입니다. 휴대폰 사용과 관련해 부모와의 갈등이 심하고 도저히 행동이 조절되지 않는 아이들은 성격적, 정서적으로 문제가 있을 가능성이 커 아이의 전반적인 정신 건강에 대한 전문가의 평가가 필요하다는 내용이었습니다. 휴대폰을 돌려주기에 앞서 아이들의 사용 태도를 바꿔줄 필요성도 느꼈습니다.
　다행히 상담 결과 휴대폰 사용 중단에 따른 두 아이의 금단 증상은 정신과 전문의의 치료를 받아야 할 정도로 심각한 수준은 아니었습니다. 자기도 모르게 손가락으로 문자를 보내는 행동을 계속 반복하거나 휴대폰을 다시 구입하기 위해 비행을 저지를 정도로 휴대폰 의존 증상이 심각한 경우에 한해 정신과 치료가 필요하다는 설명이었습니다.
　박 씨 부부는 상담 전문가의 조언을 토대로 다음과 같이 휴대폰 중독 퇴치 작전에 돌입했습니다. 먼저 대리점을 찾아가 휴대폰의 기능을 최대한 단순화시켰습니다. 음성통화와 문자메시지, 모닝콜 등만 남겨놓고 각종 동영상과 게임을 즐길 수 있는 무선인터넷 이용 기능을 없앴습니다. 요금체계도 정액제로 바꿔 문자 사용량을 한 달에 500통 이내로 제한했습니다.

이어 아이들과 상의해 〈문자메시지 전송 하루 20통 미만, 휴대폰에 저장돼 있는 기본 게임만 하루 30분 미만 이용, 학교에는 가져가지 않기〉 등 '휴대폰 사용 규칙'을 정해 지키도록 했습니다. 또 딸과 아들의 책상 위에는 '나는 하루 중 언제, 얼마 동안 게임(문자 보내기)을 할 수 있다'라는 문구를 적어 늘 경각심을 갖도록 했습니다. 일단 규칙을 정했으면 반드시 신상필벌이 따라야 합니다. 해서 한 달 주기로 평가해 80% 이상 규칙을 지키면 원하는 선물을 사주고, 그렇지 못할 경우엔 1주일에 하루 휴대폰 사용을 금지했습니다.

마지막으로 아이들이 학교나 학원 수업을 마치고 귀가하면 혼자 방에 틀어박혀 지내도록 그냥 놔두지 않았습니다. 엄마 아빠가 아이들이 좋아하는 휴대폰 게임을 연구, 하루 30분씩 허용된 게임을 어울려서 같이 했습니다. 주말에는 외식, 여행, 놀이, 미술 전시회나 서점 방문 등 함께하는 시간을 늘렸습니다. 처음 한 달간은 아이들이 짜증을 내며 몹시 힘들어했고, 박 씨 부부도 아이들에게 계속 사용 규칙을 주지시키고 설득하느라 피곤했습니다.

그런데 두 달째부터 조금씩 성과가 나타나기 시작했습니다. 6개월여가 흐른 지금, 박 씨의 두 자녀는 휴대폰을 스스로 조절해가며 사용할 정도로 절제력이 생겼습니다. 친구들을 만나면 스스럼없이 휴대폰 중독이 왜 나쁜지를 설명해 주기도 합니다. 휴대폰 중독의 수렁에서 아이들을 구해낸 박 씨 부부가 내린 결론은 이렇습니다.

"휴대폰 중독의 책임은 전적으로 부모에게 있습니다. 자녀들의 환심을 사기 위해 사용 목적을 제대로 교육하지도 않은 채 휴대폰을 사주는 것은 절대 피해야 합니다. 일반적으로 딸은 문자 중독, 아들은 게임 중독에 빠질 가능성이 큽니다. 엄마 아빠가 문자와 게임에 대해 잘 알고 있어야 자녀들과 대화하기가 쉽고 중독에 빠지는 것이 왜 위험한지 설득하기도 쉽습니다. 휴대폰 외에 자녀들이 흥미를 가질 만한 대안 활동을 마련하는 노력도 필요합니다."

1_ 절제력이 생길 때까지 구입을 최대한 늦춰라

 서울 신정동에 사는 주부 박민자(36) 씨는 요즘 휴대폰을 사달라는 초등학교 3학년 아들의 집요한 요구에 시달리고 있습니다. 아직 휴대폰을 갖기엔 너무 어린 나이인 것 같아 "좀 더 크면 사주겠다"고 설득하고 있지만, 집에 놀러 오는 친구들 중에 휴대폰을 가진 경우가 의외로 많아 아들을 구슬리기가 쉽지 않다고 토로합니다.

"주변 엄마들 얘기를 들으면 요즘은 초등학교 고학년은 물론이고 학교에 입학하기만 해도 휴대폰을 사주는 경우가 많더군요. 아이에게 도움이 되지 않을 것 같아 아직 사주지 않고 있지만, 언제까지 버틸 수 있을지 모르겠어요. 아무래도 올 연말에는 사줘야 할 것 같아요."

회사원 황 모(41) 씨는 2005년 9월 초등학교 4학년인 큰아들에게 휴대폰을 사줬습니다. 아들은 잠을 잘 때도 베개 옆에 휴대폰을 두고 잘 정도로 애지중지 아낍니다. 아직 나이가 어려 음란물이나 폭력성 게임을 접하는 것 같지는 않지만, 휴대폰에 빼앗기는 시간이 갈수록 늘어나는 것 같아 걱정입니다.

황 씨는 월 26,000원인 정액 요금을 초과하지 않도록 수시로 사용량을 체크하고 시험 기간 등 학교에서 중요한 행사가 있는 날에는 휴대폰을 가져가지 못하게 지도하고 있습니다. 그러나 예전에 비해 휴대폰을 갖고 있는 친구들과 더 자주 어울리면서 아무래도 학습량이나 책을 읽는 시간이 줄어들고 있어 마음이 편치는 않습니다.

자녀에게 휴대폰을 사주는 연령이 갈수록 낮아지고 있습니다. 대도시 지역의 경우 초등학교 고학년만 되면 절반 이상의 아이들이 휴대폰을 갖고 있을 정도로 보급 속도가 빠릅니다. 어린 자녀들에게 휴대폰을 사주는 것은 우리나라에서만 볼 수 있는 특이한 현상입니다.

미국, 일본, 유럽연합 등 선진국의 경우 어린이나 10대 청소년에게 휴대폰을 사주는 경우는 극히 드뭅니다. 수업 진행을 방해한다는 이유로 학교에서 휴대폰 소지를 엄격히 금지하고 있을뿐더러, 학부모들 역시 자녀에게 휴대폰을 사줄 필요성을 별로 느끼지 못합니다.

사업이나 관광 목적으로 우리나라를 방문한 외국인들이 가장 놀라는 것 중 하나가 어린이들의 무분별한 휴대폰 사용입니다. 한글을 배우러 연세대학교에 유학 중인 미국인 여대생 세라 루싱(22) 양의 말을 들어봅시다.

"처음 한국에 와서 어린 학생들이 휴대폰을 갖고 다니는 것을 보고 깜짝 놀랐습니다. 버스나 지하철을 타면 여기저기서 쉴 새 없이 휴대폰 벨 소리가 울려대고 휴대폰을 자랑이라도 하듯 연신 게임을 하거나 문자메시지를 보내는 학생들이 많아 정신이 혼란스러웠어요. 한번은 지하철에서 어린 학생이 휴대폰으로 음악을 크게 틀어놓고 있어서 '소리를 좀 줄여줄 수 없냐?'고 했더니 화를 벌컥 내면서 다른 칸으로 가버렸습니다. 미국에서는 10대 학생들이 휴대폰을 갖고 다니는 경우가 드물고 공공장소에서 함부로 휴대폰을 사용하는 모습을 발견하기란 더더욱 힘듭니다. 여러 나라를 가봤지만, 한국처럼 아이들의 휴대폰 사용에 대해 관대한 나라는 본 적이 없습니다."

전문가들은 초등학생에겐 절대로 휴대폰을 사줘서는 안 된다고 경고합니다. '평생 성적 초등 4학년에 결정된다'는 말도 있듯이, 초등학생 시기는 공부의 기본과 정서를 키우는 데 결정적인 영향을 미치기 때문입니다. 이처럼 중요한 시기에 휴대폰을 사주게 되면 논리적인 사고력과 창의력 계발은 기대하기 어렵습니다. 또 나이가 어릴수록 자기 절제력이 약해 유해 콘텐츠를 통제하는 능력이 떨어집니다. 그만큼 모바일 게임이나 문자에 중독될 가능성이 크다고 봐야 합니다.

이미 초등학생 자녀에게 휴대폰을 사준 경우엔, 휴대폰의 유해성을 설득해 최대한 회수하도록 노력해야 합니다. 회수가 정 어렵다면, 평소 자녀의 휴대폰을 부모가 관리하면서 꼭 필요한 경우에만 제한적으로 사용하도록 엄격히 통제할 필요가 있습니다.

교육심리학을 전공한 한국정보문화진흥원 중독예방팀장 김혜수 박사는 자녀에게 휴대폰을 사줄 때는 '자기 절제력self-control'을 갖췄는지를 기준으로 삼으라고 조언합니다.

"성인이 돼서 스스로 절제할 수 있는 능력을 갖췄을 때 휴대폰을 사주는 게 정답입니다. 물론 그 이전이라도 휴대폰을 스스로 조절할 수 있는 능력이 있다면 사줘도 괜찮겠지요. 평소 용돈을 관리하는 태도를 보면 아이에게 자기조절 능력이 있는지 여부를 판단할 수 있습니다. 아이가 용돈을 체계적으로 관리하고 경제 개념도 갖추었다면, 휴대폰 요금도 정해진 한도를 지키며 잘 쓸 수 있을 것입니다. 물론, 그런 능력이 없는 아이들에겐 절대 휴대폰을 사줘서는 안 됩니다. 무절제한 사용으로 중독에 빠질 위험이 크기 때문이죠."

중·고생도 마찬가지입니다. 어느 정도 가치관이 형성될 나이인 만큼, 맹목적으로 휴대폰 사용을 금지할 수는 없지만, 충분한 대화와 토론을 통해 가능하면 대학 입학 후에 구입하도록 설득하는 노력이 필요합니다. 만일 휴대폰을 사줬다면 문자메시지든 음성통화든, 특정 시간에 꼭 필요한 경우에만 이용하도록 규칙을 정해둘 필요가 있습니다. 이 경우에도 음란물과 폭력성 게임 등 유해 콘텐츠의 접속 통로인 무선인터넷의 사용은 철저히 통제해야 합니다.

비슷한 맥락에서 휴대폰 교체 주기도 최대한 늦추는 게 바람직합니다. 우리나라 청소년들의 휴대폰 교체 주기는 1년 4개월로 매우 짧습니다. 최신형 단말기를 선호하다 보니 평균 구입 가격도 38만 8,000원이나 됩니다(한국소비자보호원 2004년 7월 조사). 자녀의 휴대폰을 수시로 바꿔주는 것은 단순히 경제적 낭비일 뿐만 아니라, 아이들을 휴대폰에 몰입하게 만드는 계기로 작용할 가능성이 큽니다. 그런데도 부모들은 자녀가 원하는 휴대폰을 사줬으니, 지금보다 더 절제하며 긍정적인 방향으로 잘 사용할 것이라고 착각하는 경우가 많습니다.

물론 현실은 정반대입니다. 앞서 여러 번 지적했듯이, 휴대폰은 아이들의 개성 표현 수단이자 분신과도 같습니다. 어린 자녀들이 새로운 기능과 디자인을 갖춘 신형 휴대폰을 갖게 되면, 그만큼 더 집착하고 애착을 보이기 마련입니다. 휴대폰에 투자하는 시간도 더 늘어날 수밖에 없습니다. 자녀가 원하는 대로 최신 기종을 자꾸 바꿔주면서 잘 사용하기를 기대하는 것은 모순입니다. 과잉보다는 절제의 힘을 키워주는 게 자녀에겐 보약입니다.

2_ 휴대폰 사용 규칙은 함께 만들어라

 세계적인 가전그룹의 한국지사장 P(41)씨는 중학교 1학년과 초등학교 4학년 남매를 두고 있습니다. 여느 아이들과 마찬가지로 큰딸은 "친구들도 모두 휴대폰을 갖고 있다"면서 휴대폰을 사달라고 꽤 오랫동안 아빠를 졸라댔습니다. P씨는 휴대폰을 사주는 대신 다른 제안을 했습니다. 초등학생이 휴대폰을 가질 이유가 없다고 판단했고, 생활에 꼭 필요하지 않은 것은 절제하는 법을 스스로 깨우쳐야 한다고 믿었기 때문입니다.

그는 수십만 원짜리 휴대폰을 사주고 매달 수만 원의 전화요금을 내주는 대신, 고전미술부터 현대미술까지 보고 배우는 '뮤지엄 연구소'를 다니게 해줬습니다. 지난 여름방학 때는 수백만 원을 들여 해외 박물관 기행도 시켜줬습니다. 아이들에게 꼭 필요한 데는 과감히 투자하겠다는 게 그의 생각입니다. 컴퓨터를 업그레이드 해달라는 아들의 요구도 거절했습니다. 폭력성과 중독성이 심각한 컴퓨터 게임에 장시간 매달리게 하고 싶지 않았기 때문입니다. 대신 가족끼리 살을 부대끼며 즐길 수 있는 게임을 의식적으로 많이 만들려고 노력하고 있습니다.

주부 B씨는 1년 전 초등학교 6학년인 둘째딸에게 휴대폰을 사주면서 '휴대폰 사용 규칙'을 정했습니다. 딸에게 일방적으로 요구한 게 아니라, 대화를 통해 휴대폰 사용 시간과 범위에 대한 합의를 이끌어낸 것입니다. 우선 휴대폰 사용 시간은 문자 보내기, 음악 감상, 게임 등을 포함해 하루 1시간 이내로 제한했습니다. 단, 쉬는 시간에 친구에게 전화나 문자가 와서 답신을 보내는 경우는 예외로 했습니다. 요금은 일정 용량을 쓰면 더 이상 쓸 수 없는 정액제(월 32,000원)를 택했습니다.

집에서 숙제를 하거나 학교 시험 기간 중에는 반드시 전원을 끈 상태로 엄마에게 맡기고, 학교에는 학원 수업이 늦게 끝나는 날에 한해 전원을 끄고 가져가도록 했습니다. 딸은 한 달 동안 정액요금 내에서 자신이 원하는 기능대로 휴대폰을 쓰기 위해 꼭 필요한 문자만 보내고 휴대폰에 저장된 기본 게임을 1주일에 한두 번씩 즐기는 등 적절히 조절해 가며 사용하는 습관이 들었습니다. B씨는 "휴대폰 사용 시간을 최소한으로 줄이고 가족 간에 대화를 많이 하는 습관을 생활화하도록 유도하는 게 중요한 것 같다"고 자신의 경험담을 들려줬습니다.

자녀의 휴대폰 중독을 막으려면 부모의 의지가 무엇보다 중요합니다. 아이들이 휴대폰 외에 흥미와 관심을 가질 수 있는 건설적인 분야로 눈을 돌리도록 부단한 연구와 노력이 필요하다는 말입니다. 이미 자녀에게 휴대폰을 사준 경우라면 더욱 더 그렇습니다.

엄마 아빠가 자녀와의 대화를 통해 휴대폰 사용에 관한 규칙을 만드는 것도 휴대폰의 부작용을 줄이는 데 도움이 됩니다. 특히 자녀가 사춘기 청소년인 경우, 부모가 이래라저래라 하는 식으로 휴대폰 사용을 강제하면 반발심만 키울 수도 있습니다. 따라서 자녀와의 대화와 토론을 통해 스스로 잘못된 휴대폰 사용 습관을 고쳐나가도록 유도하는 것이 중요합니다.

3_ 자녀 명의로 가입하라

 서울 창신동에 사는 주부 박지영(40) 씨는 최근 우편으로 날아든 아들(초등학교 6학년)의 휴대폰 사용료를 보고 거의 졸도할 뻔했습니다. 전화요금이 무려 70만 원 이상 나왔기 때문입니다. 요금 내역을 알아보니 무선인터넷에 접속해 야사(야한 사진)와 야설(야한 소설) 등 음란 콘텐츠를 내려받은 경우가 대부분이었습니다.

어차피 자신의 계좌에서 요금이 빠져나갈 것이기 때문에 엄마 명의로 가입했던 것인데, 아들이 건강보험카드에서 엄마 주민등록번호를 알아내 성인 인증을 한 다음 음란물을 이용해온 것입니다. 박 씨는 즉시 대리점을 찾아가 휴대폰 명의를 아들로 바꿨습니다.

남편이 개업의사인 탓에 가계에 여유가 있는 편인 지영 씨는 몇 개월 전부터 요금이 20~30만 원씩 나와 아들에게 주의를 주기는 했지만, 설마 초등학생 아들이 나쁜 짓이야 하겠느냐는 생각에 그냥 넘어가곤 했습니다. 요금 내역에 '정보 이용료'가 유독 많아 아들에게 물어보면, 아들은 "좋아하는 게임과 음악을 다운받아서 그렇다"고 둘러댔던 것입니다. 지영 씨는 "내 통장에서 요금이 빠져나가는 게 편리할 것 같아 본인 명의로 한 것인데, 어린이들이 성인용 콘텐츠에 그리 쉽게 접근할 수 있을 정도로 콘텐츠 관리가 엉망인 줄은 미처 몰랐다"고 개탄했습니다.

앞에서도 누차 언급했듯이, 휴대폰은 장소의 제약을 받지 않는 '이동성'이 가장 큰 특징입니다. 이동성은 아이들이 언제 어디서든, 자유롭게 원하는 콘텐츠에 접근할 수 있는 무기가 됩니다. 휴대폰이 10대들 사이에 음란물을 유통시키는 주요 매개체로 작용하는 것도 이 때문입니다. 휴대폰을 사서 자녀의 손에 넘겨주는 순간부터 부모의 감시 기능은 사실상 포기해야 한다고 봐도 무방합니다. 마음만 먹으면 교실, 독서실 등 장소에 구애받지 않고 자유롭게 음란물을 접할 수 있기 때문입니다. 따라서 부모 명의로 휴대폰을 개설해 주는 것은 어린 자녀들을 성인 콘텐츠에 무방비 상태로 방치하겠다는 말과 다를 게 없습니다. 굳이 휴대폰을 사 줄 생각이라면 반드시 자녀 명의로 가입하고 성인 콘텐츠 접속 여부에도 지속적인 관심을 가져야 합니다. 부모 명의로 개설된

휴대폰은 지금 당장 자녀 명의로 바꿉시다.

다음의 사례처럼 자녀들이 휴대폰을 공동 이용하게 하면 휴대폰 사용량을 줄이는 데 도움이 될 수도 있습니다.

중학교 1학년, 3학년 두 아들을 둔 회사원 박갑수(45) 씨는 올해 초 자신의 휴대폰을 신형으로 바꾸면서, 두 아들에게 구형 휴대폰 한 대를 물려줬습니다. 아이들이 스스로 계획표를 세워 자기 생활을 절도 있게 끌어나가는 모습을 보면서, 이제 휴대폰을 줘도 괜찮겠다는 판단이 섰기 때문입니다. 두 아들은 학교에 가거나 집에 있을 때는 휴대폰을 거의 사용하지 않는 편입니다. 친구들과 연락할 일이 있을 때는 반드시 유선전화를 이용합니다. 휴대폰은 주말에 친구들과 놀러 갈 때나 학원, 도서관 등에 갈 때만 들고 나갑니다. 서로 귀가가 늦을 경우엔 동생이 휴대폰을 쓰고 형은 공중전화를 이용합니다.

박 씨는 4인 가족이 통신비로 수십만 원씩 쓰는 가정을 이해하기 어렵다고 말합니다.

"저는 영업부서에서 일하기 때문에 업무상 휴대폰이 필수적이지만, 외부에서 활동할 때도 급하지 않은 전화는 공중전화를 주로 이용하는 편입니다. 공부하는 학생들이 급하게 전화를 써야 하는 경우는 거의 없다고 봅니다. 자녀에게 각자 휴대폰을 사주는 것은 경제적으로 과소비일뿐더러, 교육적으로도 좋지 않다고 생각합니다."

'아름다운 새별'이라는 뜻을 지닌 김아름·다운·새별 등 세 쌍둥이 자매가 2006년 대학 입시에서 나란히 명문대에 합격해 화제가 됐습니다. 셋 중 맏이인 아름 양은 연세대 정치외교학과, 다운 양은 서울대 인문학부, 막내 새별 양은 연세대 사회학과에 들어갔습니다. 이들은 친구들에게서 '삼위일체'라는 말을 들을 정도로 방도 함께 쓰고 휴대폰도 한 대를 같이 사용했다고 합니다.

이들 자매가 지금까지 휴대폰 문제로 고민하거나 휴대폰을 서로 쓰겠다고 다툰 적은 없었습니다. 한 사람이 대표로 관리하면서 꼭 필요한 경우에만 서로 돌려가며 사용했기 때문이죠. 딸이 셋이다 보니 늦게 귀가하는 자식들을 걱정하실 부모님을 염려해 한 대를 장만한 것일 뿐, 10대 청소년들이 휴대폰에 목맬 이유는 전혀 없다는 게 이들의 생각입니다.

"12년 동안 같은 학교를 다닌데다 과외도 하지 않고 오후 10시까지 학교 도서관에 남아 같이 공부했기 때문에, 굳이 각자 휴대폰을 가져야 할 필요성을 느끼지 못했어요."

4_ 공부할 때는 반드시 휴대폰을 꺼라

 중학교 1학년 민지는 2년 전 생일 선물로 받은 휴대폰을 늘 끼고 지냅니다. 가족과 함께 식사를 하거나 샤워를 할 때도 문자가 왔는지 수시로 확인해야만 직성이 풀립니다. 문자를 확인하지 않으면 왠지 불안하고 초조하기 때문입니다. 시험 기간이 되면 엄마가 휴대폰 벨 소리에 무척 민감하게 반응합니다. "내일부터 시험인데, 제발 휴대폰 좀 끄고 공부하라"며 잔소리를 할 때가 많습니다. 하지만 휴대폰이 눈에 띄지 않으면 궁금해 참을 수가 없기 때문에 진동음으로만 바꾼 뒤 책상 한켠에 가만히 올려놓습니다.

민지의 촉각은 책상에 놓인 휴대폰에서 자유롭지 못합니다. 눈은 건성건성 넘어가는 책장을 따라가고 있어도, 귀는 쫑긋 휴대폰을 향합니다. 억지로 책에 집중하려고 하는데, 문자가 날아오는 소리가 들립니다. 잽싸게 열어보면, 시험 공부가 지겨웠는지 친구가 "뭐해? 잼 없다"며 대화를 걸어옵니다. 문자를 주고받으며 수다를 떨다 보면 금세 20분이 지나가버리죠. 다시 책에 집중하려고 하면, 눈꺼풀이 무거워 좀체 진도가 나가지 않습니다. 초등학교 때 최상위권이던 민지의 성적은 중학교 입학 이후 중위권으로 떨어졌습니다.

같은 중학교 1학년 동식이는 중학교 입학 때 아빠에게서 휴대폰을 선물로 받았습니다. 평소 친구들이 날렵한 맵시의 최신형 휴대폰을 들고 음악을 듣는 모습이 너무 부러웠는데, 자신도 똑같은 휴대폰을 마련해 날아갈 것처럼 기뻤습니다. 그런데 동식이의 휴대폰 사용량은 민지의 10분의 1에도 미치지 못합니다. 주말에 친구들과 놀러 갈 때 들고 나가거나 가끔씩 좋아하는 음악을 듣는 정도입니다.

외국어고 진학을 목표로 하는 동식이는 휴대폰이 공부에 지장을 준다는 생각을 해본 적이 없습니다. 동식이는 다음 두 가지 원칙을 철저히 지키고 있습니다.

▶ 학교나 학원에는 절대 휴대폰을 가져가지 않는다.
▶ 공부할 때와 시험 기간에는 반드시 휴대폰 전원을 끈다.

"휴대폰을 꼭 필요한 용도에만 쓰기 때문에 학습에 방해가 된다고 여긴 적은 한 번도 없어요."

민지의 학습량이 동식이보다 결코 적은 편은 아닙니다. 국어, 영어, 과학 등 주요 과목은 학원 수업을 듣고 있고, 수학의 경우 월 50만 원씩 주고 개인 과외도 하고 있기 때문이죠. 시험 기간에는 다른 학생에 뒤지지 않을 만큼 책상에도 진득하니 앉아 있는 편입니다. 그러나 초등학교 때만 해도 비슷했던 두 학생의 성적은 중학교에 들어간 이후 천양지차로 벌어졌습니다. 그 이유는 공부할 때 반드시 휴대폰을 꺼놓는 동식이와 그렇지 않은 민지의 휴대폰 사용 습관의 차이 탓입니다. 공부할 때 휴대폰을 켜놓으면 아무리 많은 시간을 학습에 투자하더라도 집중을 하기 어렵습니다. 그만큼 공부의 질은 떨어질 수밖에 없는 거죠.

입시 컨설턴트인 황치혁 원장도 효과적인 학습을 위해서는 공부할 때 반드시 휴대폰을 꺼야 한다고 조언합니다.

"자녀들이 공부를 제대로 하게 만들려면 공부 시간에는 반드시 휴대폰을 끄도록 해야 합니다. 공부를 할 만하면 문자가 방해하는 일이 한 시간에 세 차례 이상이라면 공부를 한다고 볼 수 없지요. 산만한 정신 상태에서 다시 공부에 집중하려면 최소 1~2분 정도의 시간이 필요합니다. 단순히 문자를 확인하고 보내는 시간만큼 손해 보는 것이 아니라 몇 배의 시간이 없어지는 셈입니다. 휴대폰을 꺼놓아도 쉬는 시간에 휴대폰을 켜면 금방 받지 못했던 문자들을 수신할 수 있어요. 50분 정도 집중해서 공부하고 10분가량 휴식을 취한다고 가정할 때, 쉬는 시간에 문자를 보내는 습관만 들여도 공부의 효율은 훨씬 올라갑니다."

5_ 문자 사용량을 통제하라

 회사원 H씨는 초등학교 4학년 아들에게 휴대폰을 사주면서 월 16,500원씩 내는 정액 요금제를 택했습니다. 그런데 금세 문자메시지의 마력에 빠져든 아들은 휴대폰을 사용한 지 열흘도 못 돼 정액 요금을 다 소진하고는, 엄마를 졸라 추가 요금을 더 쓰기 시작했습니다. H씨는 차라리 문자 무제한 요금제가 더 싸게 먹히겠다는 생각에 한 달 만에 요금 체계를 바꿔줬습니다.

 중앙부처 공무원 A씨는 지난해 가을 학원에서 늦게 귀가할 때가 많은 큰아들(초등학교 6학년)에게 휴대폰을 비상용으로 사주면서 문자 무제한 요금제를 골랐습니다. 아이들은 문자를 주로 쓰기 때문에 요금을 아끼려면 문자 무제한제가 낫다는 말을 들었기 때문입니다. 그런데 휴대폰을 사준 이후 아들의 성적은 급전직하로 떨어지기 시작했습니다.

며칠 전 영어 학원에서 걸려온 선생님의 전화를 받고서야 그 이유를 알 수 있었습니다. 아들이 수업 시간에 휴대폰으로 문자를 보내다가 여러 번 적발됐다는 것입니다. "잘못했어요. 앞으로는 절대 안 할게요. 부모님한테 알리지만 말아주세요"라며 서럽게 우는 바람에 지금껏 연락을 못했는데, 자신의 힘으론 도저히 통제가 안 되니 부모님께서 신경을 써달라는 내용이었습니다.

앞에서도 언급했듯이, 휴대폰 문자보내기는 아이들의 으뜸 가는 학습 방해 요인입니다. 그런데도 상당수 부모들이 자녀들의 문자 사용 요금이 많이 나온다는 이유로 문자 무제한 요금제를 선호하는 경향이 있습니다. 하지만 이는 하나만 알고 둘은 모르는 이야기입니다. 문자 무제한 요금제는 기본 요금 25,000~27,000원만 내면 2만 원 상당의 음성통화나 데이터 통신이 가능하며, 문자는 무제한으로 보낼 수 있습니다. 당연히 정액 요금제를 택하는 경우에 비해 문자 사용량이 늘어날 수밖에 없습니다. 그것도 기하급수적으로.

서울 A초등학교 김 모 선생님은 "한 달 문자 사용량을 300통, 500통 등으로 제한해도 1주일도 안 돼 다 써버린 뒤 친구 휴대폰을 빌려 쓰는 아이들이 많습니다. 하지만 그렇더라도 문자 무제한 요금제를 택하는 것은 절대 피해야 합니다. 문자를 무제한으로 이용하는 학생들은 하루 100~200통 보내는 것도 우스울 정도로 문자 중독에 빠지기 쉽기 때문이죠"라고 경고합니다.

한국정보문화진흥원 김혜수 박사도 "무제한 요금제는 절대 피해야 한다"면서 다음과 같은 경험담을 들려줬습니다.

"최근 제가 가입한 이동통신사에서 전화가 왔어요. 현재 무선 인터넷 요금을 월 평균 2만 원 정도씩 내고 있는데, 월 5,000원만 더 부담하면 무제한으로 인터넷을 이용할 수 있다면서 무제한 요금제를 권하더군요. 솔깃한 마음에 당장 무제한 요금제로 바꿨어요. 그런데 아무리 인터넷을 많이 이용해도 25,000원만 내면 된다는 생각 때문인지 갑자기 인터넷 사용량이 엄청 늘어나더군요. 이전에는 꼭 필요한 정보를 찾을 때만 접속을 했는데, 무제한 요금제로 바꾼 뒤에는 습관적으로 무선인터넷을 쓰는 거예요. 이래선 안 되겠다 싶어서 결국 무제한 요금제를 해지했습니다. 어른도 이 모양인데, 자기 통제력이 떨어지는 아이들은 어떻겠습니까? 아이들에게 무제한 요금제를 허용하는 것은 위험합니다. 아무리 많이 써도 정해진 요금 이상은 안 나온다는 생각에 심리적으로 마구 쓰게 되거든요."

6_ 무선인터넷 서비스는 원천 봉쇄하라

2006년 2월 15일 열여섯 살 중학생 강 모 군이 휴대폰 요금 370만 원에 대한 부담 때문에 자살했습니다. 초등학교 때부터 휴대폰을 이용해 온 강 군은 종일 모바일 게임과 채팅에 빠져 지냈다고 합니다. 잠시도 휴대폰을 손에서 놓지 않았고 심지어 휴대폰을 빼앗으려는 엄마에게 발길질까지 했다는군요. 강 군의 휴대폰 사용 내역을 보면 통화료와 문자메시지 전송요금이 3,494원, 게임 정보이용료가 37만 9,466원이었습니다. 그런데 무선인터넷으로 만화 동영상 등 성인물 접속에 따른 사용요금이 무려 151만 7,282원이나 됐습니다.

어린이들은 성인에 비해 자기통제 능력이 현저히 떨어집니다. 무선인터넷 서비스를 이용하게 되면 자연스럽게 모바일 게임과 동영상 콘텐츠 등을 접속하게 되는데, 절제력이 약한 어린이들이 스스로 휴대폰 사용 시간을 조절하기는 쉽지 않습니다. 호기심에 몇 번 누른 무선인터넷 요금이 100만 원을 훌쩍 넘어 부모를 신용 불량자로 만드는 경우도 있습니다.

따라서 무선인터넷 서비스는 받지 않도록 하고 지급 결제 서비스 방식에 대해서도 충분히 검토한 후 결정해야 합니다. 요즘 출시되는 휴대폰은 대부분 인터넷 잠금 기능이 지원됩니다. 자녀에게 휴대폰을 사줄 때는 국제전화나 인터넷, 060 서비스 등을 이용하지 못하도록 이런 기능을 미리 차단해야 합니다.

가장 바람직한 요금 방식은 정액제입니다. 월 20,000~30,000원 정도로 요금을 제한하고, 정해진 요금이 다 소진되면 전화를 받을 수만 있는 요금 체계를 택하는 게 가장 바람직합니다.

회사원 J씨는 6개월 전 초등학교 5학년, 중학교 1학년인 두 딸에게 휴대폰을 사주면서 월 25,000원씩 내는 정액 요금제를 택했습니다. 한 달 정도 사용 패턴을 지켜보니 큰딸은 비교적 사용량을 골고루 안배하며 20일 이상 유지했지만, 둘째딸은 열흘도 안 돼 정액을 다 써버렸습니다. 둘째딸은 "학원 수업이 예정보다 늦게 끝날 때도 있고 친구들과 어울리다 귀가가 늦어지는 경우도 있는데, 정액이 너무 적어 불편하다"며 늘려줄 것을 요구했습니다. J씨는 "아빠도 월 30,000원 이

내로 쓰고 있는데, 어린이가 휴대폰을 더 많이 쓰는 건 문제가 있지 않느냐"며 설득했습니다. 대신 공중전화를 이용할 수 있도록 전화카드를 사주고, 언니처럼 계획을 세워 휴대폰을 사용하도록 유도했습니다. 3개월이 지난 지금 두 딸은 정액제를 자연스럽게 받아들이고 있습니다.

그렇다면 이미 무선인터넷 서비스를 이용하는 경우엔 어떻게 해야 할까요? 남자아이들은 모바일 게임과 음란물에 중독될 위험이 더 큽니다. 일단 게임과 음란물에 중독되면 갈수록 더 자극적인 내용을 추구하고 무선인터넷을 사용하지 않으면 불안하고 초조함을 느끼게 됩니다. 그 결과 학업 성적이 떨어지고 수면 부족과 피로, 사회성 상실, 반항과 불복종 등 일상생활에 장애가 생깁니다. 게임과 음란물 중독을 차단하는 지름길은 '부모의 관심'입니다.

사이버 세계가 아닌 현실의 세계가 더 재미있고 자신의 고민을 들어주는 사람이 있다는 점을 아이에게 일깨워주는 게 중요합니다. 우선 아이가 게임 시간을 정해 따르도록 하고, 만약 그 시간을 지키지 못하면 벌칙을 주는 등 대화를 통해 합리적인 규칙을 만들어야 합니다. 엄마 아빠가 게임을 배워 아이와 함께 해보는 것도 좋은 방법입니다.

게임에 한번 빠지면 갈수록 현실과 멀어지게 되므로, 가능한 한 엄마 아빠는 물론, 주변 또래나 선생님과의 접촉 기회를 늘려가도록 도와줘야 합니다. 모바일 게임 대신 가족들이 모여 보드게임이나 카드놀이를 즐기거나 운동, 산책, 영화 보기 등 아이가 흥미를 느낄 수 있는 취미생활을 할 수 있도록 돕는 것도 필요합니다. 이런 방식으로 휴대폰을 갖고 노는 시간을 점차 줄여나가면 자신의 상황을 객관적으로 돌아보게 되고, 게임이나 음란물에 대한 흥미도 점차 사라지게 됩니다.

7. 휴대폰은 절대로 학교에 가져가지 말라

 대기업 부장 K씨는 2004년 여름부터 미국 워싱턴에서 주재원으로 근무하고 있습니다. 과거 미국 출장을 몇 번 왔을 때도 느꼈지만, 공공장소에서 휴대폰으로 통화하는 사람이 드물어 한동안 적응하기 힘들었습니다. 본사에서 걸려온 전화를 받느라 거리나 식당에서 수시로 휴대폰을 꺼내야 했는데, 주위 사람들의 눈초리가 호의적이지 않았기 때문입니다. 특히 10대 학생들이 길거리나 지하철 등 공공장소에서 휴대폰을 사용하는 경우는 거의 보지 못했다고 합니다.

초등학교 6학년 딸을 하나 둔 K씨의 설명을 들어보죠.

"워싱턴 지역의 초·중·고등학교의 경우 휴대폰을 학교에 가져오는 것을 엄격히 금지하고 있습니다. 만일 휴대폰을 가져왔다가 적발되면 교무실로 불려가 압수당하며, 부모에게도 반드시 연락해 주의를 줍니다. 초등학교 저학년의 경우 담임선생님이 부모를 학교로 직접 불러서 휴대폰을 가져가도록 합니다. 국내에서도 시험 기간에 한해 휴대폰 소지를 금지하는 학교가 늘고 있다는 소식을 들었지만, 휴대폰의 유해성에 대해 너무 소극적으로 대처하는 것 같습니다."

전북 전라고는 1999년 황석영 교장선생님이 부임하면서 '휴대폰 안 가지고 다니기'를 학칙에 포함했고, 이후 교사들의 생활지도에 힘입어 '휴대폰 안 가져오기 운동'이 거의 정착 단계에 이르렀습니다. 이 학교 신입생들은 오리엔테이션 때부터 '휴대폰 소지는 절대 안 된다'는 교칙에 대해 귀에 못이 박이도록 교육을 받는다고 합니다.

교칙에는 만일 휴대폰을 갖고 있다가 압수당하면 졸업 때 돌려준다는 강경한 내용도 포함돼 있습니다. 하지만 선생님들이 '불심검문'을 하며 휴대폰을 단속하지 않아도 될 만큼 '휴대폰 없는 학교'를 당연시하는 분위기입니다. 처음에는 불만을 토로하던 학생들도 공중전화나 교무실 전화를 자유롭게 이용할 수 있어 별 불편함이 없는데다 시간 낭비와 부모님의 부담을 덜어주는 성과도 있어 크게 만족하고 있습니다.

서울시 교육청은 휴대폰 예절 시범학교를 운영하고 있습니다. 시범학교 우수 사례를 일반화해 각급 학교에 전달하는 한편, 각

학교가 자율적인 토론을 통해 휴대폰 사용에 대한 규칙을 학생 스스로 만들어 나가도록 독려하고 있는 것이죠.

경남 김해교육청은 2004년 3월 관내 69개 초·중학교에 '학교별로 운영위원회를 열어 학생들의 휴대폰 소지 금지 규정을 만들고 학생과 학부모의 연명 동의서를 받도록 하라'는 내용의 공문을 보냈습니다. 물론 면학 분위기 조성과 과소비 방지가 목적입니다. 휴대폰 소지가 필요하다고 인정되는 학생에 대해서는 교사가 학부모와 상담 후 휴대를 허용하되, 등교 즉시 담임선생님에게 맡겨 교내에서는 사용할 수 없도록 했습니다.

학생들 스스로 토론을 통해 휴대폰을 학교에 가져오도록 허용할 것인지, 소지를 금지할 것인지 규칙을 정해 지키도록 하면 교육적 효과를 거둘 수 있습니다. 물론, 학교에서는 휴대폰 사용을 금지하는 게 원칙입니다. 학습 효과나 교육적 측면에서 학생들의 집중력과 성실도를 높이는 데 큰 효과가 있기 때문입니다. 그러나 당장 휴대폰 사용금지 교칙을 만들기가 쉽지 않다면, 시험 기간 등에 한정해 휴대폰을 가져오지 않도록 하고 수업 중에는 반드시 전원을 끄게 하는 등 점진적으로라도 사용량을 줄여나가는 노력이 필요합니다.

대신 공중전화 설치를 대폭 늘려야 합니다. 교육 당국이 책임져야 할 부분이지만, 가능하면 학급 단위로 공중전화를 설치하고 교무실 전화도 학생들에게 개방하는 게 바람직합니다. 길거리 공중전화도 늘려야 합니다. 전국의 공중전화는 1999년 56만 4,054대를 정점으로 점점 줄기 시작해 2005년엔 26만 8,576대로 절반 가까이 사라졌습니다. 휴대폰 보급이 급격히 늘어나면서 언제 어디서든 마음만 먹으면 손쉽게 전화를 걸 수 있는 상황이 도래했기 때문입니다. 공중전화 매출도 1998년 7,229억 원에서 2005년엔 983억 원으로 거의 10분의 1 수준까지 떨어졌습니다. 공중전화는 국민의 일상생활에 필요한 기본적인 서비스인 만큼, 경제 논리에만 매달릴 일은 아니라고 봅니다.

8_ 딸에게 더 세심한 주의를 기울여라

광고회사 대홍기획은 2005년 10월부터 6개월 동안 서울 지역 중·고생 400명을 대상으로 휴대폰 사용 실태를 조사했습니다. 그 결과 '휴대폰을 갖고 있지 않으면 불안하다'는 응답이 전체의 62%로 나타났습니다. 그런데 남녀 간의 반응에 상당한 차이가 있었습니다. 남학생은 52.9%가 휴대폰이 없으면 불안하다는 반응을 보인 반면, 여학생은 그 비율이 70.5%로 무려 20% 가까이 높았습니다.

한국정보문화진흥원이 2005년 7월 수도권 지역 중·고생 705명(대학생 77명 포함)을 조사한 결과도 비슷했습니다. 남학생들의 휴대폰 몰입도는 5점 만점에 2.44로 중간 이하에 머물렀으나, 여학생은 2.65점으로 몰입 수준이 상당히 높았습니다.

상당수 여학생들이 '가만히 있다가 내 휴대폰이 울린다고 착각한 적이 있다', '휴대폰을 집에 두고 외출하면 궁금하거나 불안하다', '특별히 문자나 전화가 오지 않아도 휴대폰을 계속 꺼내서 확인하거나, 길거리를 걸어갈 때도 휴대폰 액정을 보며 걷는다', '외출 중 배터리가 없으면 불안하다'라는 등의 중독 반응을 호소했습니다.

남자아이들에게 휴대폰은 여러 재미있는 놀이 중 하나일 뿐입니다. 상대적으로 활동적이고 공격적인 남자아이들에겐 휴대폰 외에도 온라인 게임, 동영상, PC방, 체육 동아리 등 흥미를 끌 만한 놀잇감들이 무궁무진하게 널려 있다는 말이죠. 물론 휴대폰의 기능이 다양화하고 질적으로 업그레이드되면서 남학생들의 중독률도 갈수록 높아지고 있는 게 현실이긴 합니다. 하지만 여자아이들에 비해서는 상대적으로 덜한 편이죠. 휴대폰은 여성과 궁합이 아주 잘 맞는 디지털기기라고 할 수 있습니다.

남녀의 심리적 특성은 크게 차이가 납니다. 심리학자들은 남성의 특성을 '정의Justice', 여성의 특성을 '배려와 관심Care'으로 정의합니다. 관심과 배려의 매개체는 '언어'입니다. 흔히 '남성은 수학적 능력이 뛰어나고, 여성은 언어적 능력이 우수하다'고 말하는데, 일리가 있는 지적입니다. 휴대폰의 1차적 기능은 '의사소통'입니다. 친구가 지금 어떻게 지내고 있는지 궁금해서 휴대폰으로 전화를 하고, 심심하니까 문자를 날리는 것입니다. 무선인터넷에 연결해 벨 소리를 다운받거나 좋아하는 연예인의 동영상을 보는 것도 일종의 소통입니다.

한국정보문화진흥원 중독예방팀장 김혜수 박사는 이렇게 설명합니다.

"대개 아들보다는 딸들이 얌전한 편입니다. 아들이 휴대폰을 갖고 다니는 것에 대해서는 걱정을 많이 하는 부모들도, 딸들이 학교나 학원에 가면서 얌전히 휴대폰을 들고 나가면 별로 문제의식을 느끼지 않습니다. 하지만 휴대폰에는 문자메시지뿐만 아니라 사진, 동영상, 스케줄 관리, 음악 등 딸들이 좋아하는 콘텐츠가 가득합니다. 여학생들에게 더 많은 주의를 기울여야 합니다."

9_ 일주일에 한 번 휴대폰도 쉬게 하라

부산시 교육청 산하 학생교육원은 2005년 핵심 연수 과정 프로그램으로 '休대폰 캠페인'을 벌였습니다. 수업 시간만이라도 휴대폰 공해에서 벗어나 진지한 학습 분위기를 만들어 보자는 취지에서입니다. 학생들이 문자메시지를 주고받으면서 학습 분위기가 흐려지고 휴대폰이 없으면 불안해하는 금단 현상이 나타나는 것을 막기 위해 이런 캠페인을 준비했다고 합니다.

여기서는 학생들이 '휴대폰 사용'을 주제로 자유토론을 펼쳐 '휴대폰의 휴식 시간 사용' '한 달간 유예기간 후 학교 내 휴대폰 지참 금지' 등의 방안을 도출하도록 유도하고, 휴대폰 없이 생활하는 경험을 체험하도록 하고 있습니다. 교육원을 다녀간 학생들은 휴대폰 사용을 스스로 절제할 수 있는

인내심을 배우고 휴대폰을 없애는 경우도 많다고 합니다.

 창원과 마산 지역 6개 고교의 동아리 회원들로 구성된 한돌 청소년문화공동체는 2004년부터 매월 15일을 '휴대폰 없는 날'로 정해 휴대폰 사용 실태 설문조사, 휴대폰 사용에 따른 피해 사례 전시회, 휴대폰 없는 날 상징 캐릭터 제정 등 각종 행사를 전개해 오고 있습니다. 휴대폰은 물론, 컴퓨터와 텔레비전 등 각종 전자제품에 종속된 학생들의 생활을 반성하고 '참 나'를 되찾자는 취지에서 이런 행사를 마련했다고 합니다. 휴대폰이 없으면 학교생활에 불안을 느낄 정도로 중독이 심했던 학생들이 '휴대폰 없는 날' 운동을 시작하면서 가족과의 대화를 회복하고 휴대폰이 없는 생활을 자연스럽게 받아들이게 됐음은 물론입니다.

 최근 10대 청소년들 사이에선 휴대폰을 부모에게 자발적으로 반납하는 사례도 나오고 있습니다. 청주고 1학년 노 모 군은 최근 자신의 휴대폰을 부모님에게 자진 반납했습니다. 휴대폰 문자메시지 이용에 너무 많은 시간을 빼앗겨 공부 시간이 절대적으로 부족한데다가 집중력이 현저히 떨어지는 것을 절감했기 때문입니다.

노 군은 "대다수 학생들이 휴대폰 문자 자판을 손가락 끝으로 외워 수업 중에도 책상 밑으로 문자를 주고받을 정도로 중독이 심각합니다. 이런 상태로는 도저히 대학 진학이 불가능할 것 같아 부모님께 휴대폰을 반납했어요"라고 말했습니다. 노 군처럼 휴대폰을 자진 반납하는 움직임이 성적 상위권 학생들을 중심으로 점차 확산되고 있어, 교육계에서도 휴대폰 중독을 차단하는 '대안'이 될 것으로 기대하는 분위기입니다.

자녀의 휴대폰을 당장 회수하기 곤란하다면, 우선 휴대폰 없는 생활도 즐거울 수 있다는 경험을 안겨줄 필요가 있습니다.

회사원 김 모(43) 씨는 10대 청소년의 40%가량이 휴대폰 중독 증상을 보인다는 언론 보도에 충격을 받아, 중학교 1학년 딸을 설득해 일주일에 한 번씩 '휴대폰 휴식일'을 만들었습니다. 일요일에는 휴대폰을 반드시 부모에게 맡기고 친구들과의 연락은 유선전화만 이용하도록 했습니다. 대신 가족들이 함께 영화를 보거나 미술전시회나 음악회에 가는 등 함께 즐길 수 있는 프로그램을 만들기 위해 의식적으로 노력하는 편입니다. 가족과의 대화가 점차 늘어나고 문화·취미 활동도 함께 하면서 딸의 휴대폰 사용량은 크게 줄어들었습니다. 지금은 토·일요일과 국경일로 '휴대폰 휴식일'을 확대했습니다.

자녀의 휴대폰 중독을 막으려면 부모가 먼저 휴대폰 사용을 자제해야 합니다. 아빠가 퇴근해서 집에 들어오면 텔레비전 앞에서만 시간을 보낼 게 아니라 책을 읽거나 아이들 숙제를 도와주고, 가족과 함께 공원을 산책하는 등 휴대폰이 없어도 재미를 느낄 수 있는 기회를 자주 만들어줘야 합니다.

10_ 부모와 교사가 모범을 보여라

 엄마 : 참 이상하다. 휴대폰이 어디 갔지? 이러다 진짜 출근 늦겠네……. 엄마 휴대폰 못 봤니?

아이 : 예? 어…… 난 못 봤어요.

엄마 : 분명히 여기다 뒀는데……. 너 또 숨긴 거 아냐? 진짜 못 봤어?

아이 : 응, 진짜 못 봤어. 엄만 뭐 내가 맨날 숨기는 줄 알아?

엄마 : 너, 엄마가 찾아서 또 네 방에서 나오면 그땐 진짜 맞을 줄 알아!

아이 : 네에~!(히힛, 오늘은 화분에다 숨겼지롱).

(SK텔레콤이 펴낸 '현대생활백서2' 중에서)

 맞벌이 중학교 교사인 C씨 부부는 고교 1학년, 중학교 2학년 두 아들을 두고 있습니다. 평소 "휴대폰만 없어도 학급의 평균 성적이 10점은 오를 것"이라고 입버릇처럼 말할 정도로 교육 현장에서 휴대폰 문제의 심각성을 절감해 오던 터라, 아직껏 두 아들에게 휴대폰을 사주지 않았습니다.

"문자 중독이 심한 아이일수록 성적이 좋지 않습니다. 휴대폰에 자꾸 신경 쓰다 보면 학습의 강도와 집중력이 떨어질 수밖에 없어요."

C씨의 지론입니다.

그런데 지난 겨울방학 어느 저녁, 안방 화장대 위에 올려둔 휴대폰이 감쪽같이 사라졌습니다. 집안을 샅샅이 뒤졌으나, 도저히 찾을 수 없었습니다. 전화를 해도 신호만 갈 뿐 응답이 없었습니다. 거실에서 텔레비전을 보고 있는데 학원에서 돌아온 둘째가 슬며시 안방을 다녀오는 게 아니겠어요. 당장 따라들어가 봤더니, 실종됐던 휴대폰이 놓여 있었습니다. '얼마나 휴대폰을 쓰고 싶었으면 그랬을까' 하는 안쓰러운 맘에 그날은 못 본 척 그냥 넘어갔습니다.

그런데 아들의 휴대폰 '도둑질'은 수시로 벌어졌습니다. 엄마 휴대폰을 몰래 자기 방에 갖고 들어가 친구들에게 문자를 보내는 장면이 여러 번 목격됐지요. 성적도 많이 떨어졌습니다. C씨는 "부부 교사로 맞벌이를 하다 보니 퇴근 후엔 휴대폰을 대충 던져놓고 지내는 경우가 많았는데, 둘째가 그렇게 자주 휴대폰을 갖다 쓰리라곤 상상도 못했어요"라고 토로했습니다.

그 후로 C씨 부부는 퇴근 후나 휴일에 집에 머물 경우 휴대폰을 항상 몸에 소지하고 확인하는 버릇이 생겼습니다. 너무 심하다는 생각이 들 때도 있지만, 아이가 스스로 절제하고 사고하는 나이가 될 때까지는 휴대폰을 사주지 않는 게 옳다는 생각에는 지금도 변함이 없다고 합니다.

윗물이 맑아야 아랫물이 맑은 법입니다. 자신은 월 수십만 원씩 휴대폰 요금을 내면서 아이들에게는 월 5만 원 이내로 쓰라고 닦달하는 부모들이 있습니다. 수업 중 학생들의 휴대폰 사용은 엄격히 통제하면서 정작 본인 휴대폰은 마음대로 사용하는 선생님들도 있습니다. 이런 부모와 교사 밑에서 자라는 아이들일수록 휴대폰을 무절제하게 사용하고 중독에 빠질 가능성이 높아집니다. 엄마 아빠와 선생님은 아이들이 행동을 그대로 모방하는 '역할 모델'이기 때문입니다.

저희 부부의 한 달 휴대폰 사용 금액은 각각 18,000원~20,000원선입니다. 집이나 사무실에서 전화를 걸 때는 반드시 유선전화를 이용합니다. 무선인터넷은 어떻게 접속하는지도 모릅니다. 당연히 모바일 게임이나 동영상을 이용해 본 적도 없습니다. 문자메시지도 꼭 필요한 경우가 아니면 보내지 않고요. 우리 부부의 휴대폰은 거의 100% 음성통화 수신용인 셈이죠. 자화자찬처럼 들릴지 모르겠지만, 중학교 2학년, 초등학교 6학년인 두 아이에게

아직껏 휴대폰을 사주지 않고 버틸 수 있었던 것도 우리 부부의 절제된 휴대폰 사용습관 탓이라고 믿고 있습니다.

한국정보문화진흥원 김혜수 박사의 의견도 같습니다.

"자녀의 휴대폰 사용 습관은 엄마 아빠를 그대로 닮아가기 마련입니다. 부모가 휴대폰을 절제해서 사용하면 자녀도 절대 중독에 빠질 염려가 없어요. 엄마 아빠의 휴대폰 사용 요금이 월 2만 원 정도 나오는데, 자녀가 월 수십만 원씩 휴대폰을 사용하도록 방치할 리가 있겠어요?"

초등학교 5학년 아들을 둔 주부 N씨의 경험담 한 토막입니다.

"급식 모니터링을 해달라는 학급 대표 엄마의 부탁을 받고 오전에 식당에서 일을 끝낸 뒤 아들놈 공부하는 모습이 궁금해 잠깐 교실에 들렀어요. 그런데 담임선생님이 복도에서 휴대폰을 받고 있더군요. 나중에 아들에게 물었더니, 아이들에게 자습을 시켜놓고 복도에 나가 전화를 거는 경우가 자주 있다는 거예요. '너희 담임선생님만 그러시냐?'고 물었더니, 선생님들이 수업 중에 문자를 날리거나 통화를 하는 경우가 종종 있다고 했습니다. 아이들이 수업 중에 게임을 하거나 문자를 날리면 즉시 압수하면서, 선생님들이 그런 행동을 한다는 게 이해가 안 가더군요."

어린 학생들의 휴대폰 중독을 막는 방법은 간단합니다. 엄마 아빠와 선생님들이 휴대폰 사용에 모범을 보이는 것입니다. 특히 엄마 아빠의 역할이 중요합니다. '휴대폰과의 전쟁'에서 이기려면 부모가 먼저 과다한 휴대폰 사용을 자제해야 합니다.

엄마 아빠가 휴대폰에 중독돼 있으면서 자녀의 휴대폰만 빼앗으려 하면 권위가 설 리 없습니다. 엄마 아빠는 자녀가 책임감 있게 휴대폰을 쓰도록 구입 시점부터 사용 목적을 분명히 가르쳐줘야 합니다. 자녀에게 지나치게 비싼 휴대폰을 사줘서는 안 되며 정액형 요금제를 택해 경제적으로 사용할 수 있도록 지도하는 것도 중요합니다. 자녀가 주로 사용하는 휴대폰 콘텐츠와 사용 시간에도 관심을 기울여야 합니다.

어린 학생들의 휴대폰 중독만 우려할 게 아니라, 선생님들도 '수업 중에 휴대폰 안 받기' 등 자체 정화활동을 함께 펼쳐야만 효과를 볼 수 있습니다. 교내 휴대폰 사용 금지 교칙을 만든 경기도 안양시 귀인중학교의 경우 교사들에게 휴대폰 소지를 제한하는 규정은 없지만, 아이들과 함께 '휴대폰 공해 없는 학교 만들기'에 적극 동참하고 있다고 합니다. 선생님들도 학교에서는 휴대폰 전원을 끄고 공중전화나 사무실 전화를 이용하는 등 모범을 보여야 합니다. 학생들의 휴대폰 소지 금지가 정당성을 확보하기 위해서라도 어른들의 사고의 전환이 필요합니다.

에필로그

청소년 휴대폰 중독, 부모가 나서야 합니다

휴대폰이 세상을 바꾸고 있습니다. 아니 세상의 중심이 되고 있습니다. 오랫동안 세상의 주인으로 군림해 온 인간조차 휴대폰의 노예로 전락하고 있는 것이 요즘 현실입니다. 우리나라 전체 국민 4,800만 명 가운데 휴대폰 가입자는 3,900만 명이나 됩니다. 10대 청소년들의 휴대폰 가입 증가율도 폭발적입니다. 2001년에 전체 청소년의 43.7%가 휴대폰을 사용했으나, 불과 3년 뒤인 2004년 70.2%로 30%나 늘어났고, 지금은 90%를 넘어 조만간 보급률 100%에 도달할 것으로 예상됩니다.

 휴대폰은 반도체에 이어 우리나라를 먹여 살리는 제2의 효자 품목이 됐고 통신기기에서 창출되는 부가가치가 해마다 평균 25%씩 늘어나고 있습니다. 우리나라 휴대폰 소지자들의 무선인터넷 서비스 사용률 또한 세계 최고 수준입니다.

당연히 거리에도 지하철에도 휴대폰이 넘쳐납니다. 남자와 여자, 초등학생부터 80대 노인까지 휴대폰은 현대인의 생활필수품이 된 지 오래입니다. 학교에서도 도서관에서도 휴대폰으로 문자를 보내거나 게임을 즐기는 아이들을 쉽게 만날 수 있습니다.

그런데 우리가 쉽게 망각하고 애써 눈을 감고 있는 문제가 하나 있습니다. '휴대폰 보급률 세계 1위'라는 화려한 수사의 이면에 드리워진 문제의 심각성 또한 만만치 않다는 점입니다. 초등학생 수준까지 내려온 음란물의 확산, 문자 남용에 따른 사고의 단순화와 글쓰기 능력의 퇴화, 과다한 몰입에 따른 집중력과 학습 능률의 저하, 가족 관계의 단절 등 악영향이 심각합니다. 휴대폰은 각종 동영상과 음란 콘텐츠 공급 기지로 진화한 지 오래이며, 아이들의 언어생활을 왜곡해 논리적인 사고와 창의적인 글쓰기를 방해하는 주범이 되고 있습니다.

더욱이 휴대폰은 시간과 장소의 제약을 받는 인터넷이나 텔레비전에 비해 중독에 빠질 위험성도 훨씬 큽니다. 언제 어디서나 24시간 갖고 다니며 이용할 수 있는 휴대폰의 특성 탓입니다. 컴퓨터와 게임기, 텔레비전 등을 합쳐놓은 것처럼 기능이 다양해 중독 현상도 문자메시지, 모바일 게임, 음란 콘텐츠 등이 복합적으로 나타납니다. 이처럼 위험한 휴대폰에 우리의 소중한 자녀들을 그대로 방치해도 되는 것일까요?

모바일 문화의 확산은 언제 어디서든 원하는 정보를 손에 넣을 수 있는 환경을 가져왔지만, 역으로 과거처럼 규제나 보호만으로 아이들을 통제하기가 쉽지 않은 현실을 만들어내고 있습니다. 지금과 같은 디지털 환경에서 규제 일변도의 교육은 정보 이용의 음성화만 부추길 가능성이 큽니다. 음란물이나 폭력성 게임 등 아이들에게 해로운 정보의 확산을 완벽하게 차단하기란 거의 불가능하다는 현실론도 감안해야 합니다.

때문에 우리 아이들이 지나친 몰입이나 중독에 빠져드는 것을 막으려면 스스로 디지털 미디어에 대한 변별력을 갖추도록 교육하는 게 무엇보다 중요합니다. 온갖 유해 환경을 아이들 스스로 극복할 수 있는 가치관을 키워줘야 한다는 말입니다. 그러기 위해서는 엄마 아빠가 디지털 미디어의 실체를 제대로 알고 통제하는 능력을 키워야 합니다. 지금처럼 휴대폰을 '걸고 받기' 용도로만 사용해 그 실체를 제대로 모르는 상황에선 속수무책으로 당할 수밖에 없습니다.

휴대폰은 잘만 이용하면 생활에 유용한 기기가 될 수 있지만, 그냥 방치하면 아이의 미래를 망치는 독이 되어버립니다. 호기심이 많고 자기 통제력이 떨어지는 아이들의 손에 마구잡이로 휴대폰을 쥐어줘서는 절대 안 됩니다. 설사 휴대폰을 사줄 나이가 됐다고 판단되더라도, 그냥 사주는 것으로만 끝나서는 안 됩니다. 엄마 아빠와 선생님들이 휴대폰 사용에 모범을 보이고, 사랑하는 자녀들에게 휴대폰 사용법을 제대로 알려주고 가르쳐야 합니다.

이제 엄마 아빠가 '휴대폰과의 전쟁'에 적극 나서야 할 시점입니다. 사랑하는 우리 자녀들을 더 이상 휴대폰의 노예로 방치하지

맙시다. 교육의 후원자 역할에 만족하며 자녀의 '성적'에만 집착할 게 아니라, 휴대폰이 자녀들에게 미치는 악영향에 대해서도 관심을 갖고 고민합시다. 디지털 환경에 둘러싸인 우리 아이들을 건강하고 바르게 키우려면 엄마 아빠들이 휴대폰의 역기능에 대해 확실한 주관과 의지를 가지고 현명하게 대처해야 합니다.

부록

... 청소년들의 인터넷, 휴대폰 은어 따라잡기

... 청소년 휴대폰 사용 지침

... 일상생활에서

... 학교에서

... 공공장소에서

... 청소년 휴대폰 관련 비용 절약 방법

... 자녀 휴대폰 사용 교육 10계명

... 휴대폰 중독 자가측정표

청소년들의 인터넷, 휴대폰 은어 따라잡기

이제 어른들도 10대 청소년들 사이에 유행하고 있는 인터넷과 휴대폰 용어에 대해 관심을 기울여야 합니다. 나쁘다고 무조건 몰아세울 것이 아니라, 그들의 문화와 감수성을 이해해야 올바른 언어지도에 도움이 될 수 있으니까요. 요즘 청소년들 사이에 자주 사용되는 인터넷과 휴대폰 은어를 모아봤습니다.

- **엄지족** 휴대폰으로 문자를 빠르게 많이 보내는 사람.
- **외계어** 한글을 심하게 변형시켜 쓰는 통신언어.
- **눈팅** 댓글(리플)을 남기지 않고, 로그인도 하지 않고, 글만 읽는 것.
- **악플** 악의적인 댓글.
- **악플러** 악의적인 댓글만 다는 사람.
- **무플** 댓글이 아예 없는 것.
- **야동** 야한 동영상.
- **야설** 야한 소설.
- **초딩** 초등학생을 일컫는 말. 예전엔 단순한 초등학생의 의미로 쓰였지만, 지금은 인터넷 상에서 수준 낮고 악의적인 댓글을 달 때, 일부러 초등학생처럼 위장하는 경우를 빗대어 쓰이기도 한다.
- **열공** 열심히 공부하다.

예) 나 요즘 열공 모드야(나 요즘 열심히 공부하는 중이야).

- **금따** 금세기 최고의 왕따.

- **왕영은따** 완전히, 영원히, 은근히 따돌림.

- **베프** 베스트 프렌드(가장 친한 친구).

- **볼펜** 보이 프렌드.

- **걍** 그냥.

- **마니** 많이.

- **당최** 도대체.

- **공감** 동의한다.

- **대략** 꽤 많이, 아주, 너무. 원래 '어림잡아서'라는 뜻이지만, 문장 안에서 부적절한 호응을 통해 청소년들의 말로 바뀐 경우다.
  예) 대략 두 시간 걸릴 것 같아(어른들의 말).
  　　대략 감동이야(청소년의 말/'아주 감동적이야'라는 뜻).

- **열라** 무척, 너무와 같은 '강조어'.
  예) 이 집 떡볶이 열라 맛있어.
  　　울 엄마 열라 무서워.

- **므훗하다** 요즘 청소년들이 자주 쓰는 신조어. 감정을 표현한 말이지만, 어른들은 그 단어가 지니는 어감을 이해하기가 쉽지 않다. 청소년들이 '므훗'한 감정을 느끼는 경우는 무척 다양하다.
  1) (성인 대상 영상물 등을 보고)야릇한 느낌이 들 때
  2) 생뚱맞은 기분이 들 때
  3) 어색한 침묵이 흐를 때

- '〜셈'체, '〜삼'체 기존의 어미 체계를 뒤흔든 새로운 문장 종결 방법. 셈과 삼은 그 뜻에 있어 별 차이가 없다. 평서문, 의문문, 명령문 등 어떤 문장 유형에도 사용 가능하나, 상황과 쓰임, 말투로 그때그때 해석을 달리해야 하는 어려움이 있다.
  예) 밥 먹었삼?(밥 먹었니?)
  　　열공하셈!(열심히 공부해!)

- ~~3 '~삼'에서의 '삼'을 숫자 '3'으로 바꿔준 것. 약간 낮은 어감이다. 인터넷 상에서 신경전 벌일 때 많이 쓰인다.
  예) '안녕하3' 혹은 '그거 아니3'

- 즐 대화를 끝낼 때 상대방에게 건네는 덕담 혹은 빈정거림. 상황에 따라 단어의 느낌이 달라진다. 비슷한 단어 'KIN'이 있는데, '즐'을 옆으로 뉘어놓은 모양에서 유래했다.
  1) 즐겨라, 즐겁고 재미있게 놀아라 : "나 짐 영화 보러 가삼(나 지금 영화 보러 간다)"이라는 친구의 문자 메시지에 "즐!"이라고 답했을 경우
  2) 어디 한번 잘해 봐라
  3) 꺼져라 : 인터넷 게시판에서 "비회원은 즐!"이라고 했을 경우

- 즐감 즐겁게 감상하라.

- 원츄 적극 추천한다.

- 뷁 특별한 뜻 없이 짜증날 때 내는 의성어. 화가 나거나 어이가 없을 때, 난감할 때도 두루 쓰이며 대화 상대 혹은 불특정 다수를 향해 소리를 지르는 모양을 묘사한 것이다.

- 급~ 기존의 단어 앞에 붙여 '빨리 ~ 하다'라는 뜻을 나타낸다.
  예) 급전달 : 빨리 전달하다.
  　　급박수 : 급히 박수를 쳐라, 다 같이 환호를 보내자.

- **지대** '제대로'의 줄임말. 원래 뜻이 조금 변형되어 '제대로'와 '열라'를 합친 어감을 갖게 되었다.
  예) 너 지대 웃긴다(너 제대로 웃긴다, 사람 웃길 줄 안다, 무척 웃긴다).

- **방법하다** 혼내주겠다.

- **자방하시오** 스스로 반성하시오.

- **흉아** '형아'에서 비롯된 말. 즉 형을 일컫는 말이다. 보통 인터넷 글을 보면 '흉아들, 이 글 좀 꼭 봐줘' 하는 글이 있는데, 친근하게 부르기 위해 형이라고 안 하고 '흉아'라고 부른다.

- **님하** '님아'에서 비롯된 말. 이렇게 쓰는 이유는 불분명하지만, 일부러 초등학생인 양 글을 쓸 때 자주 사용한다.

- **조낸** '많이' 또는 '너무' '상당히'의 뜻.
  예) 요즘 박명수 조낸 웃겨(요즘 박명수 진짜 웃겨).

- **쵝오** '최고'를 뜻한다. 엄지손가락을 치켜세운 모양의 한자 '乃'와 함께 많이 쓰인다.

- **상콤** 기분이 좋을 때 쓰는 말이다. 상쾌하다 정도로 해석된다. 하지만 반어법으로 쓰이는 경우도 많다. 부정적인 의미로 쓰이는 '상콤'은 '짜증남' '화남'을 나타내며, 긍정적인 의미로 쓰이는 상콤은 '착함' '친절' '깜찍' 등 많은 의미를 포함한다.
  예) 상콤한 형아들, 꼭 읽어주셈(긍정적 의미).
      저 상콤한 녀석이 내 물건을 훔쳐갔어(부정적 의미).

- **개념** '개념'이란 어떤 일이나 사물에 대한 대략적인 생각이다. 어느 분야에서 전문적 지식은 갖추지 않았더라도 기본적인 맥락을 이해하고 있

을 때 '개념'을 갖고 있다고 말한다. 하지만 인터넷 상에서 통용되는 '개념이 없다'의 의미는 잘 알기는커녕 최소한의 기본도 모르는 사람을 가리킬 때 쓰인다.

• **간장게장 먹었니?** 이 뜻은 '개념은 챙겼니?'와 같은 의미로 풀이된다. 홈쇼핑에서 인기리에 팔리는 간장게장의 대부분이 맛도 없고, 게의 살도 많이 없는 것에서 착안되어 부정적인 의미로 쓰이게 되었다.

• **중뽑** '중복'을 의미한다. 인터넷 게시판에 똑같은 글을 올리게 되면, 읽는 이들로 하여금 짜증을 불러일으킨다. 그래서 복자를 강하게 뽑이라고 하여 '중뽑 금지', '중뽑 0%' 하는 식으로 표현한다.

• **OTL** 땅에 엎드려 좌절하고 있는 모습을 알파벳으로 묘사한 것. 'O'는 머리, 'T'는 몸과 팔, 'L'은 다리를 표현하고 있다. 네티즌 사이에서는 자연스럽게 '좌절했다'라는 의미를 나타낼 때 쓰이고 있다.

• **ㅇㅇ** 알았다.

• **짤방** '짤림 방지'의 줄임말. 즉 게시판에 글을 올렸을 때 자신의 글이 삭제될 것을 우려해 글의 내용과는 아주 관계없는 연예인 사진이나 웃긴 그림을 올릴 때 쓰이는 표현이다.

청소년 휴대폰 사용 지침

1. 휴대폰 통화 시 고운 말을 사용한다.
2. 공부할 때나 책을 읽을 때는 휴대폰을 꺼둔다.
3. 수업 시간이나 밤늦은 시간에 문자메시지를 보내거나 통화하지 않는다.
4. 공공장소에서는 휴대폰을 진동모드로 설정한다.
5. 병원, 비행기에서는 안전을 위해 휴대폰 전원을 꺼둔다.
6. 카메라폰을 이용해 타인을 촬영하고자 하는 경우에는 먼저 동의를 받는다.
7. 부모님께 고가의 휴대폰 구입이나 잦은 교체를 요구하지 않는다.
8. 절제 있고 계획성 있는 휴대폰 사용으로 요금을 절약한다.
9. 전자파의 피해를 줄이기 위해 오랜 시간 휴대폰을 사용하지 않는다.
10. 휴대폰의 무선인터넷을 통해 성인음란물 및 불건전 콘텐츠에 접속하지 않는다.

일상생활에서

1. 통화하거나 문자메시지를 보낼 때 고운 말 바른 말을 사용한다.
2. 상대방이 통화할 수 있는지 먼저 확인한다.
3. 전화를 잘못 건 경우 반드시 사과한 후 끊는다.
4. 상대방의 통화 실수에 대해 친절을 베풀 줄 알아야 한다.
5. 함부로 타인의 모습을 카메라폰으로 찍거나 대중에 공개하지 않는다.
6. 전자파의 피해를 줄이기 위해 오랜 시간 휴대폰을 사용하지 않는다.
7. 절제 있는 사용으로 부모님의 경제적 부담을 덜어드린다.
8. 부모님께 지나치게 비싼 휴대폰을 사달라고 하지 않으며, 유행에 따라 바꾸지 않는다.
9. 휴대폰의 디자인이나 기능으로 상대방을 평가하지 않는다.
10. 문자메시지로 타인을 괴롭히지 않는다.
11. 문자메시지 보낼 때 발신자 이름과 전화번호를 밝힌다.
12. 때와 장소를 가려서 문자메시지를 보낸다.

 학교에서

1. 특별한 사유가 없는 한 학교에는 휴대폰을 가져가지 않는 것을 원칙으로 한다.
2. 수업 중에는 휴대폰 전원을 꺼둔다.
3. 학습 중 문자메시지를 사용하지 않는다.
4. 휴대폰 사용에 관한 학교 규칙을 지킨다.

 공공장소에서

1. 도서관, 병원, 공연장, 비행기에서는 휴대폰 전원을 꺼둔다.
2. 공공장소에서 통화를 해야 하는 상황이 생기면 남들에게 피해가 가지 않도록 밖에 나가서 통화한다.
3. 대중교통을 이용할 때는 주위 사람에게 피해가 가지 않도록 사용한다.
4. 공공장소에서 휴대폰으로 게임을 하거나 음악을 들을 때는 주위 사람에게 소리가 들리지 않도록 주의한다.

(자료 참고 : 한국정보문화진흥원)

청소년 휴대폰 관련 비용 절약 방법

1. 자신에게 가장 적합한 요금 상품을 선택한다. 정보통신부 최적요금제 조회 사이트 http://010.ktoa.or.kr에 접속하면 자신에게 적합한 최적의 요금제를 확인할 수 있다.
2. 통화 상대가 2~4명으로 한정될 때는 특별가입제도를 활용한다.
3. 자동이체를 신청하면 요금할인 혜택이 있다.
4. 통화량을 수시로 점검해 통화시간을 적절히 조절한다.
5. 요금이 너무 많이 나온다면 월정액형 요금제를 선택한다.
6. 통화요금 내역서는 본인이 반드시 확인하고 자신의 용돈으로 내도록 한다.
7. 특별한 이유 없이 휴대폰을 교체하지 않는다.
8. 너무 비싼 휴대폰을 구입하지 않는다.

(자료 : 한국정보문화진흥원)

자녀 휴대폰 사용 교육 10계명

1. **절제력이 생길 때까지 구입을 최대한 늦춰라!**
   자기 통제력이 없는 자녀에게 휴대폰을 사주는 것은 중독 위험성을 키우는 지름길입니다.

2. **휴대폰 사용 규칙을 함께 만들어라!**
   가족 구성원이 휴대폰 사용을 서로 강제할 수 있는 명시적인 규칙을 만들어 집안에 붙여놓고 철저히 지키도록 해야 합니다.

3. **자녀 명의로 가입하라!**
   요금 납부의 편의성 때문에 부모 명의로 가입하는 것은 자녀를 성인 콘텐츠에 그대로 노출시킬 위험이 큽니다.

4. **공부할 때는 반드시 휴대폰을 꺼라!**
   휴대폰을 진동이나 무음(無音) 상태로 해놓더라도 공부 흐름이 끊어지기는 마찬가지입니다.

5. **문자 사용량을 통제하라!**
   문자 중독은 자녀의 학업성적을 떨어뜨리는 가장 큰 요인입니다.

6. **무선인터넷 서비스는 원천 봉쇄하라!**
   무선인터넷 서비스는 동영상과 사진, 야한 소설 등 음란 콘텐츠의 접속 통로가 됩니다.

7. 휴대폰을 절대로 학교에 가져가지 말라!
휴대폰을 학교에 가져가는 아이들은 독서실이나 학원에서도 휴대폰에 몰입할 가능성이 큽니다.

8. 딸에게 더 세심한 주의를 기울여라!
여학생들이 남학생보다 휴대폰에 더 몰입하는 경향이 있습니다.

9. 일주일에 한 번 휴대폰도 쉬게 하라!
최소 일주일에 한 번은 휴대폰 없이 생활하도록 유도하고 점차 그 기간을 늘려가야 합니다.

10. 부모와 교사가 모범을 보여라!
부모와 교사가 휴대폰 에티켓을 지키고 성인물을 이용하지 않는 등 모범을 보여야 합니다.

휴대폰 중독 자가측정표

1. 휴대폰이 없으면 안절부절못한다.
   ① 전혀 아니다 ② 약간 그렇다 ③ 어느 정도 그렇다 ④ 상당히 그렇다
   ⑤ 매우 그렇다

2. 배터리가 한 눈금만 남으면 불안하다.
   ① 전혀 아니다 ② 약간 그렇다 ③ 어느 정도 그렇다 ④ 상당히 그렇다
   ⑤ 매우 그렇다

3. 요금이 많이 나와 사용을 줄이려고 한 적이 있다.
   ① 전혀 아니다 ② 약간 그렇다 ③ 어느 정도 그렇다 ④ 상당히 그렇다
   ⑤ 매우 그렇다

4. 회의나 수업 중에도 전원을 끄지 못한다.
   ① 전혀 아니다 ② 약간 그렇다 ③ 어느 정도 그렇다 ④ 상당히 그렇다
   ⑤ 매우 그렇다

5. 휴대폰을 남과 다르게 꾸미고 싶다.
   ① 전혀 아니다 ② 약간 그렇다 ③ 어느 정도 그렇다 ④ 상당히 그렇다
   ⑤ 매우 그렇다

6. 외워서 걸 수 있는 전화번호가 거의 없다.
   ① 전혀 아니다 ② 약간 그렇다 ③ 어느 정도 그렇다 ④ 상당히 그렇다
   ⑤ 매우 그렇다

7. 별다른 용무 없이 심심하면 전화를 건다.
   ① 전혀 아니다 ② 약간 그렇다 ③ 어느 정도 그렇다 ④ 상당히 그렇다
   ⑤ 매우 그렇다

8. 휴대폰을 자주 꺼내 전화가 왔는지 확인한다.
   ① 전혀 아니다 ② 약간 그렇다 ③ 어느 정도 그렇다 ④ 상당히 그렇다
   ⑤ 매우 그렇다

9. 집 전화기가 있는데도 휴대폰을 쓴다.
   ① 전혀 아니다 ② 약간 그렇다 ③ 어느 정도 그렇다 ④ 상당히 그렇다
   ⑤ 매우 그렇다

10. 수업·업무 중에 문자가 오면 바로 답장한다.
    ① 전혀 아니다 ② 약간 그렇다 ③ 어느 정도 그렇다 ④ 상당히 그렇다
    ⑤ 매우 그렇다

(자료 : 가톨릭대학 성바오로 병원 정신과 윤수정 교수)

휴대폰 중독 자가측정표에서 1번부터 10번까지 표시해 점수를 모두 더한 후 자신이 어디에 해당되는지 확인해 봅시다.

당신의 휴대폰 중독 점수는?   (점)

20점 미만 = 건전 (휴대폰을 통신 수단으로 적절히 사용하는 상태)

20~29점 = 주의 (휴대폰에 대한 의존도가 비교적 높은 상태)

30점 이상 = 중독 (휴대폰 의존도가 아주 높아 휴대폰을 사용하지 못하는 경우 불안 초조감을 느낄 정도로 지나치게 집착하는 상태)